बोलचाल की हिंदी और संचार

बोलचाल की हिंदी और संचार

डॉ. मधु धवन

4695, 21-ए, दरियागंज, नयी दिल्ली 110 002

शाखा

अशोक राजपथ, पटना 800 004

फ़ोनः +91 11 23273167 फ़ैक्सः +91 11 23275710

www.vaniprakashan.in
vaniprakashan@gmail.com

BOLCHAL KI HINDI AUR SANCHAR
Edited by Dr. Madhu Dhawan

ISBN : 81-8143-492-7

संस्करण 2018

मूल्य : ₹ 350

शुभम् ऑफ़सेट, नयी दिल्ली-110 032 में मुद्रित

वाणी प्रकाशन का लोगो मक़बूल फ़िदा हुसेन की कूची से

भूमिका

अपने परिवेश की भाषा का अर्जन सहज और स्वाभाविक रूप से होगा। पर किसी को उस भाषा को सीखना है जो अपने परिवेश में नहीं है, तो कई समस्याएँ और बाधाएँ होती हैं। उस भाषा के व्याकरण और साहित्य को समझने पर भी व्यक्ति उस भाषा के व्यवहार में असफल दिखाई देता है। हिंदी साहित्य और भाषा में बी.ए. या एम. ए. की पढ़ाई होने पर भी कई छात्र हिंदी में विचार-विनिमय कर नहीं पाते हैं। इसलिए आधुनिक भाषा विज्ञान की अनुपयुक्त शाखा के रूप में भाषा-शिक्षण का खूब विकास हुआ है। इसने 'भाषा सीखना' को भाषा के बारे सीखना से अलग कर दिया। चॉम्स्की ने जिस लघु व्याकरण सिद्धांत का प्रतिपादन किया था, आज भाषा शिक्षण भी उसी के आधार पर शिक्षार्थी को भाषा-व्यवहार से जोड़ने का कार्य करता है।

मातृभाषा सीखने में स्वाभाविकता और सरलता इसलिए होती है कि वह अपने परिवेश में है साथ ही, वह हमारी संस्कृति और परंपरा तक फैली हुई है। असल में प्रत्येक परिवेश और संस्कृति वहाँ की भाषा को निर्धारित करती है। इसलिए सस्यूर ने सामाजिक संस्थापन की प्रतीक-व्यवस्था के रूप में भाषा [La Langue] को परिभाषित किया। अर्थात् भाषा ऐसे प्रतीकों की व्यवस्था है जो एक प्रदेश याने भाषा समुदाय [Speech Community] की अपनी होती है। जैसे प्रत्येक समाज या वर्ग के रहन-सहन या संस्कृति के अपने-अपने प्रतीक होते हैं जिनका अर्थ उस समाज के सदस्य ही समझ लेते हैं वैसे ही प्रत्येक भाषा के प्रतीकों (ध्वनि, रूप वाक्य) का अर्थ भी उस भाषा-समुदाय के अंग भी जानते हैं। इसलिए भाषा सिखाने का सरलतम मार्ग शिक्षार्थी को उस भाषा-परिवेश से जोड़ लेना है। निश्चित संदर्भ में प्रयुक्त होने वाली भाषिक अभिव्यक्तियों को जब कोई शिक्षार्थी बराबर सुनता है तो वह उस भाषा संबंधी अपना एक व्याकरण बनाता है। उस व्याकरण के आधार पर ही वह अन्य अभिव्यक्तियों की रचना

भी करता है। अतः भाषा शिक्षण की तीन सीढ़ियाँ होंगी।

1. विशिष्ट संदर्भ में प्रयुक्त होनेवाले भाषिक प्रयोग से परिचित होना।

2. उस अभिव्यक्ति के आधार पर भाषा प्रयोग की अभिरचना [Pattern] को समझना।

3. इसी अभिरचना के आधार पर दूसरी अभिव्यक्तियों का निर्माण।

अंतिम चरण में ही शिक्षार्थी को अपने द्वारा बनाई हुई भाषिक अभिव्यक्तियों की असली अभिव्यक्तियों के साथ तुलना कर उनका संशोधन भी करना पड़ेगा।

मलयालम भाषी के लिए हिंदी सीखने और बोलने में जितनी अनुकूल स्थितियाँ है उतनी विलोम स्थितियाँ भी हैं। तमिल जैसी द्रविड़ भाषाओं की तुलना में मलयालम भाषी के लिए यह लाभ होता है कि हिंदी की अधिकांश ध्वनियाँ उसकी मातृभाषा में भी सुरक्षित हैं। हिंदी की वर्णमाला की तरह मलयालम वर्गों का विभाजन और विन्यास भी हुआ है। इसका कारण संस्कृत भाषा से मलयालम पर पड़ा प्रभाव है। इसलिए हिंदी के प्रायः सभी तत्सम शब्द उसी अर्थ में मलयालम में भी प्रयुक्त होते हैं। लेकिन इनके बावजूद मलयालम भाषी के हिंदी उच्चारण और प्रयोग में कई त्रृटियाँ भी आ जाती हैं। जिस तरह हिंदी भाषी लोग हिंदी का उच्चारण करते हैं वैसे ही मलयालम भाषी हिंदी का प्रयोग भी कर पाएँगे। क्योंकि उच्चारण अवयवों के गढ़न, जलवायु आदि का सीधा प्रभाव भाषिक ध्वनियों का पड़ता है। लेकिन अभ्यास से हिंदी उच्चारण से मलयालम की ध्वनियों के तत्वों को कुछ हद तक दूर कर सकते हैं। साथ ही हिंदी के बलाघात [Stress], अनुतान [Intonation] आदि खंडेतर तत्वों और उनके प्रयोग से भी अवगत हो सकते हैं। ज्ञ, व, क, ख, र, ल, फ़, म्ह, न्ह, ल्ह, ऋ, ऑ, आँ, सं आदि कुछ विशिष्ट ध्वनियाँ हैं जिनके उच्चारण मलयालम भाषी सही रूप से नहीं कर पाते हैं।

अनुक्रम

अध्यापकों से

यह तो सर्वविदित है कि देश भर में शिक्षा का क्षेत्र परिवर्तन के पथ पर अग्रसर हो रहा है। हर विषय में नई-नई बातें जुड़ जाती है और फलस्वरूप पुरानी बातें नकारी जाती हैं। इस नवीनता की प्रक्रिया को ध्यान में रखकर द्वितीय भाषा के स्तर पर हिन्दी के पाठयक्रमों में भी नवीनता लाने का प्रयास किया गया है। इस बिंदु को केंद्र में रखते हुए हिंदी के व्यावहारिक पक्ष पर यह पाठ्य पुस्तक तैयार की गई है। इस पुस्तक के द्वारा मलयालम भाषी हिंदी छात्रों को बोलचाल की हिंदी और उसकी शब्दावली का व्यावहारिक परिचय मिलता है। इस पुस्तक में कार्यालय, परिवार, यात्रा, पुलिस स्टेशन, बैंक आदि संदर्भों में प्रयुक्त हिंदी वार्तालाप के नमूने दिए गए हैं। अध्यापकों का दायित्व है इन नमूनों के आधार पर छात्रों की हिंदी भाषिक क्षमता को बढ़ाना और हिंदी की प्रयुक्तियों से उनको अवगत कराना। इसी के उपलक्ष्य में अभ्यास भी दिए गए हैं। साथ ही हिंदी भाषा की सामान्य ऐतिहासिक पृष्ठभूमि के अलावा वर्तमान में विविध क्षेत्रों में उसके प्रयोग और उसकी विशिष्टता का ज्ञान कराने वाली उपयोगी सामग्री भी दी गयी है। इससे हिंदी भाषा को व्यावहारिक रूप से अपनाने को सैद्धांतिक आधार मिलेगा।

घर में

राकेश : नमस्ते, भाई साहब।
मैं ठीक हूँ। बहुत दिन हुए आपसे मिलकर, आज छुट्टी है। इसलिए सोचा सुबह ही आपके पास पहुँच जाऊँ, आज का दिन आपके साथ बिताऊँ।

भाई : हाँ, हाँ यह तो तुमने बहुत अच्छा किया, मुझे भी बहुत दिनों से तुमसे मिलने की इच्छा हो रही थी।

राकेश : भाभी जी कहाँ है?

भाई : वे रसोई में है।

राकेश : भाभी जी नमस्ते, नाश्ते में क्या बना रही है?

भाभी : अरे राकेश! तुम कब आए?

राकेश : बस अभी, 10 मिनिट हुए भाभी। आज छुट्टी थी, तो मेरी इच्छा हुई क्यों ना आज का दिन आप लोगों के साथ बिताया जाए।

भाभी : यह तो तुमने बहुत अच्छा किया, हमारी भी बहुत इच्छा हो रही थी तुमसे मिलने की। पर क्या करें घर गृहस्थी के चक्कर में समयही नहीं मिलता।

राकेश : इसलिए तो भाभी मैं ही आ गया। मैं आप लोगों की मज़बूरी समझता हूँ। भाभी एक कप चाय पिलाओ और हाँ भाभी नाश्ते में मैं तो आपके हाथ का आलू का पराँठा ही खाऊँगा।

भाभी : क्यों नहीं देवर जी। बस अभी बनाती हूँ, आप भइया

के साथ बैठो गप्पे लगाओ।

राकेश : भाई साहब बच्चे कहाँ गए, दिखाई नहीं दे रहे।

भाई : राहुल और प्रिया दोनों ही अंग्रेज़ी और गणित में कमज़ोर है। इसलिए टयूशन गए है।

राकेश : अरे भइया टयूशन की क्या ज़रूरत है। यह तो आपके पसन्दीदा विषय है,आप ही क्यों नहीं पढ़ाते।

भाई : अरे राकेश विषय तो पसंदीदा है, पर समय की कमी है। मैं तो सुबह 9 बजे आफ़ीस जाता हूँ। शाम को आते आते नौ बज जाते हैं, इस ट्रेफिक के चक्कर में बहुत समय खोना पड़ता है।

राकेश : हाँ, भइया जयपुर का ट्रेफिक तो बस आदमी का आधा समय तो ट्रेफिक जाम में ही बर्बाद हो जाता है।

भाई : 7 बजे आने के बाद फ्रेश होकर आता हूँ। तब तक बच्चों का सोने का समय हो जाता है।

राकेश : हाँ, भइया यह तो सही बात है, फिर तो टयूशन भेजना ही बेहतर है। कितनी फीस लेते है?

भाई : दो सौ रुपए महीने को लगते है।

राकेश : यह तो कोई ज़्यादा भी नहीं है भइया।

भाभी : लो देवर जी, आपकी चाय।

राकेश : भाभी बस वक्त आ गया। आपकी चाय का स्वाद तो बेमिसाल है।

भाभी : बस बस देवर जी ज़्यादा तारीफ़ मत करिए। जल्दी से चाय पीजिए तब तक गरम गरम आलू के पराँठे तैयार करती हूँ।

राकेश : मेरे आने से आप का काम बढ़ गया ना भाभी जी?

भाभी : यह भी कोई काम है?

प्रिया-राहुल : राकेश चाचा नमस्ते आप कब आए?

राकेश : अरे राहुल, प्रिया। कैसे हो तुम? कितनी देर से तुम्हारा

इंतज़ार कर रहा था।

प्रिया : चाचा जी, आपने कोई खास प्रोग्राम बनाया है जैसा फिल्म वगैरह...

राकेश : हाँ, बच्चे, यहाँ कौन-सी फिल्म चलती है?

राहुल : चाचा जी, राजमंदिर में 'अग्निशिखा' चल रही है। हीरो है शाहरुख खाँ! क्या अभी चलेंगे?

भाभी : देखो न, मैं भी तैयार हूँ।

प्रिया-राहुल : पापा आप भी जल्दी से तैयार हो जाइए, हम सब तो तैयार हो गए।

भाई : बस मैं भी तैयार हो गया। पैंट शर्ट पहनने में क्या टाइम लगता है। राकेश तुम भी कंघी कर लो।

राकेश : जी भइया।

भाई : सब तैयार हो गए, चलो।

अभ्यास–एक

आप एक हिंदी भाषी परिवार में पहुँच गए है। परिवार के सदस्यों से आप कैसे बातचीत करेंगे, उसका नमूना प्रस्तुत कीजिए।

पर्यटन में

यादव : नमस्ते भैया।

जॉस : नमस्कार। आपसे मेरा परिचय नहीं है।

यादव : मैं रमेश चन्द्र यादव। यू.पी. से आया हूँ। आपके यहाँ पर्यटन के लिए। यह मेरा परिवार है।

जॉस : अच्छा, नमस्ते, आपका हार्दिक स्वागत है। मैं जॉस। लिपिक हूँ।

यादव : आप इसी शहर की निवासी हैं न?

जॉस : जी हाँ, मैं तंपानूर में रहता हूँ। यहाँ आए दस साल हुए।

यादव : बताइए जॉस, क्या यहाँ कोई जगह है देखने लायक?

जॉस : यहाँ कई जगहें हैं। तिरुवनन्तपुरम केरल की राजधानी है न?

यादव : यह मकान कौन-सा है?

जॉस : यह तो विधान-सभा-सदन है। इसके निकट है सचिवालय। वहाँ से आप रिक्शा द्वारा प्लानटोरियम पहुँच सकते हैं।

यादव : प्लानटोरियम में कब शो होगा?

जॉस : अब ग्यारह बज गए है न? बारह बजे शो होगा।

यादव : बीवी समुद्र देखना चाहती है।

जॉस : तो आप शाम को बससे शंकुमुखम जा सकते हैं। उसके नज़दीक वेली नाम से एक सुन्दर पर्यटन केंद्र है। वहाँ नौका विहार की सुविधा भी है।

यादव : शाम को ठहरने योग्य कोई होटल मिलेगा?

जॉस : उधर बहुत सारे होटल हैं। आप आराम से ठहर सकते हैं।

यादव : आपसे मुलाकात हुई यह मैं हमारा सौभाग्य मानता हूँ।

जॉस : आप कब तक केरल ठहरेंगे?

यादव : एक हफ्ते तक।

जॉस : सात दिन काफ़ी है। यहाँ से करीब बारह किलोमीटर की दूर पर कोवलम है। वहाँ देश विदेशी लोगों की काफी भीड़ होती हैं।

यादव : बताइए, आप किधर कार्यरत हैं?

जॉस : मैं केरल विश्वविद्यालय का कर्मचारी हूँ।

यादव : अच्छा, मैं केरल विश्वविद्यालय का नाम कई बार सुन चुका हूँ। हमारे इलाहाबाद विश्वविद्यालय में यहाँ का एक आदमी है, रघु। उनसे मेरा परिचय है। उनकी पढ़ाई इधर हुई थी।

जॉस : आप किस गाड़ी से आए?

यादव : हम वाराणसी-कोचिन गाड़ी से आए। सफर बहुत अच्छी लगी। बेटी पहली बार इतनी लम्बी यात्रा कर रही है।

जॉस : मैं भी छुट्टियों में यात्रा किया करता हूँ।

यादव : मैं दूसरी बार आ रहा हूँ। दो साल पहले मैं कोचिन आया था।

जॉस : अब साढ़े ग्यारह बज गया है। आप सीधे प्लानटोरियम चलिए।

यादव : केरल बहुत अच्छा लगता है। सब कहीं हरियाली है। अगले साल हमारे विश्वविद्यालय के छात्रों को लेकर यहाँ आने का इरादा है।

जॉस : यहाँ देखने लायक कई स्थान और हैं—श्रीनाथ जी का मंदिर, चाला बाज़ार आदि।

यादव : भाई जॉस, मुझे परसों कोचिन जाना है। वहाँ दो-तीन दिनों तक घूमना है। तो हम अभी चलेंगे। फिर मिलेंगे। नमस्कार।

जॉस : अच्छा साहब। नमस्कार।

अभ्यास–दो

आपके गाँव में घूमने के लिए एक हिंदी भाषी आ रहा है। उसके साथ आप कैसे हिंदी में बातचीत करेंगे, उसका नमूना प्रस्तुत कीजिए।

रेलयात्रा में

यात्री I : नमस्कार! यही है न केरल एक्सप्रेस का प्लैटफॉम?

यात्री II : हाँ, यही है, देखो, गाड़ी आ गई। मैं भी इसमें जा रहा हूँ।

यात्री I : मेरा सीट नंबर पंद्रह है, और आप का?

यात्री II : मेरा सोहल है, हाँ मिल गई।

यात्री I : आपका शुभ नाम।

यात्री II : मेरा नाम राम गोपाल यादव। मैं भोपाल जा रहा हूँ। वहाँ नौकरी कर रहा हूँ, और आप?

राम : क्या, आप दिल्ली में काम करते हैं?

रमेश : हाँ, मैं केंद्रीय सचिवालय में लिपिक हूँ। अगले हफ्ते ओणम मनाया जा रहा है। इसलिए मैं छुट्टियों पर जा रहा हूँ।

राम : केरल में ओणम बडी धूमधाम से मनाया जाता है न?

रमेश : हाँ, जी। यह हमारी परंपरा है कि ओणम के दिनों में घर के सारे लोग इकट्ठे होते हैं और खुशी से यह त्योहार मनाते हैं।

राम : आपकी सूरत शकल से मद्रासी लगता है। भाषा से नहीं, आप तो शुद्ध हिन्दी बोलते हैं।

रमेश : हाँ, हाँ, मैं हिन्दी स्नातक हूँ। जब मुझे दिल्ली मैं नौकरी मिली, साक्षात्कार में हिन्दी ने मेरी बड़ी मुदद की।

राम : हाँ, बिल्कुल सही। हिन्दी हमारे लिए आदान-प्रदान का

मुख्य साधन है। वह हमें एक सूत्र में बाँध लेती है।

रमेश : सही बात। हिन्दी के वास्ते ही हम अब मित्र बन गए।

राम : रमेश जी! आठ बज गया। यात्रा की तैयारी करके बिल्कुल थक गया। चाय मिले तो पिऐंगे।

रमेश : ठीक है। चाय को आने दो।

चायवाला : चाय गरम। चाय गरम...कॉफी। गरम कॉफी...

रमेश : दो चाय दे दो। कितना हुआ?

चायवाला : आठ रुपए।

राम : यह तो बहुत ज़्यादा है। दूध और चीनी का नाम भी नहीं। पानी की इतनी कीमत?

चायवाला : ज़माना बदल गया है, साहब! आज पानी ही सब से कीमती चीज़ होती है।

रमेश : साहब! ज़रा मेरे सामान का ख्याल रखें। गुसलखाना जा रहा हूँ।

राम : क्यों नहीं। आराम से जाओ, नहा धोकर आओ।

अभ्यास–तीन

उत्तर भारत के किसी बस अड्डे पर एक हिंदी भाषी से हुई आपकी बातचीत का नमूना प्रस्तुत कीजिए।

बैंक में

अनिल : (रिक्शावाला से) अरे भैया, क्या तुम्हें पता है कि पंजाब नेशनल बैंक किधर है?

रिक्शावाला : जी, साहब, 'आजाद गली' पर है।

अनिल : तो मुझे उधर जाना है। क्या वह गली काफी दूर है?

रि.वा : नहीं साहब, नज़दीक है, गाड़ी पर बैठ जाएँ।

अनिल : तो चलें।

रि.वा : हाँ, साहब आ गया। बगल में बैंक का मकान है।

अनिल : कितने हुए?

रि.वा : पच्चीस दे दे साहब।

अनिल : लें।

रि.वा : साहब आपके पास छुट्ठे है?

अनिल : नहीं भैया।

रि.वा : कोई बात नहीं। बाकी दे दूँगा।

अनिल : तो ठीक है, चलूँ?

रि.वा : ठीक है, साहब।

(बैंक के चौकीदार से)

अनिल : भैया, यही है पंजाब नेशनल बैंक?

चौकीदार : जी साहब, पर मुख्य शाखा तो दूसरी मंजिल पर है, इन सीढ़ियों पर चढ़िए।

अनिल : धन्यवाद भैया।

(बैंक में)

अनिल : भाई साहब, देखिए, यह चेक किस काउंटर पर देना है?

कर्मचारी : रकम कितने रुपए का है?

अनिल : पाँच हज़ार का है साहब।

कर्मचारी : तो आप सीधे चलिए और वहाँ किसी एक काउंटर पर दें।

अनिल : जी, धन्यवाद।

(किसी दूसरे ग्राहक से)

अनिल : भाई साहब, आप इस काउंटर की क्यू पर है न?

ग्राहक : जी, आज काफ़ी भीड़ है। सभी काउंटरों में एक ही हाल है। आप यहीं खडे हो जाइए।

बैंक काउंटर पर

अनिल : साहब, मुझे एक ट्रैवलर चेक भुनाना है।

कर्मचारी : दिखाइए, यह दस्तखत तो आपका है?

अनिल : जी साहब, यह मेरा ही है।

कर्मचारी : अरे भैया, आपने चेक के पीछे हस्ताक्षर नहीं डाला है।

अनिल : माफ कीजिए साहब, अभी डाल रहा हूँ। भाई साहब और एक बात है। मैंने पिछले हफ्ते ही दो हज़ार रुपए का चेक जमा कराया था। अब खाते में कितने पैसे होंगे।

कर्मचारी : आज आपने पाँच हज़ार लिए हैं तो अब पन्द्रह हज़ार बच गए हैं।

अनिल : धन्यवाद जी, यहाँ ए.टी.एम. की सुविधा है न?

कर्मचारी : जी, क्या आपने ए.टी. एम. की सुविधा है न?

अनिल : जी नहीं, इसके लिए आवेदन कहाँ देना होगा?

कर्मचारी : यह लें प्रपत्र। इसे भरकर वहाँ जो अफसर बैठे हैं, उनको दे दें।

अनिल : अभी थोड़ा व्यस्त हूँ। कल दे दूँगा। नमस्कार साहब,

फिर मिलेंगे।

कर्मचारी : ज़रूर। नमस्कार।

अभ्यास–चार

आप दिल्ली से केरल लौट रहे है। दिल्ली के रेल विभाग के कर्मचारियों से हुई बातचीत का नमूना प्रस्तुत कीजिए।

अस्पताल में

आगंतुक : (चौकीदार से) भैया बता दें कि पूछताछ का काउंटर किधर है?

चौकीदार : देखिए उस सामनेवाले मकान में है।

(पूछताछ के काउंटर पर)

आगंतुक : ज़रा सुनिए, मेरा एक मित्र इस अस्पताल में दाखिल हुआ है। उससे मिलना है।

कर्मचारी : कब आया था?

आगंतुक : कल शाम को।

कर्मचारी : उसका नाम बताइए।

आगंतुक : गोपीचन्द जोशी।

कर्मचारी : पता भी बताइए।

आगंतुक : मकान सं. 48, अंबेडकर कॉलोनी, आगरा–20।

कर्मचारी : अभी बता दूँगा।

आगंतुक : जी।

कर्मचारी : सुनिए, विकृति विज्ञान विभाग से यह सूचना मिली है कि शाम को चार बजे तक आप उनसे मिल सकते हैं।

आगंतुक : तो काफी वक्त यहाँ ठहरना पड़ता है। क्या आप मेरी मदद कर सकते हैं?

कर्मचारी : ज़रूर। आप सीधे विकृति विज्ञान विभाग में जाकर डयूटी नर्स से पूछिए।

आगंतुक : धन्यवाद। मैं चलूँ।

(विकृति विज्ञान विभाग में)

आगंतुक : बहिनजी यहाँ जो गोपीचन्द जोशी दाखिल हुआ है, उसकी हालत जानना चाहता हूँ।

नर्स : अभी उनकी जाँच पड़ताल चल रही है। अब कुछ नहीं बता सकती।

आगंतुक : यहाँ कितने दिन ठहरना पड़ेगा?

नर्स : यह डाक्टर ही बता सकते हैं।

आगंतुक : फिर भी।

नर्स : शायद चार पाँच दिनों तक।

आगंतुक : क्या डाक्टर का नाम बता सकते हैं?

नर्स : डॉ. प्रमोद चौधरी।

आगंतुक : वे कहाँ ठहरते हैं?

नर्स : यहाँ स्टाफ क्वार्टर्स में है।

आगंतुक : क्वार्टर का नंबर कौन सा है?

नर्स : बी. पाँच।

आगंतुक : कृपया जोशीजी से बताइए कि मैं यहाँ आया था और मैंने उनके कुशल क्षेम की जानकारी भी की थी।

नर्स : अब वे सो रहे हैं। जब नींद खुलेगी तभी बता दूँगी।

आगंतुक : धन्यवाद।

नर्स : जी साहब।

अभ्यास–पाँच

आप मरीज के रूप में हिंदी भाषी प्रदेश के एक अस्पताल में पहुँचते हैं। अस्पतालवालों से हुई अपनी बातचीत का नमूना प्रस्तुत कीजिए।

पुलिस स्टेशन में

दिलीप केरल भाषी है और वह दिल्ली में यात्रा कर रहा है। बस में काफी भीड़ लगी है। अचानक दिलीप देखता है कि अपनी जेब कटी हुई है।

दिलीप : अरे चोर! चोर! गाड़ी रोको। (चिल्लाता है) अरे, गाड़ी रोको न?

एक यात्री : क्या बात है? क्या हुआ?

दिलीप : देखिए, मेरी जेब कटी हुई? किसी ने मेरा पर्स उड़ा लिया है।

यात्री : हे, कंडक्टर साहब, गाड़ी रोको!
(गाड़ी रूकती है।)

कंडक्टर : क्या बात है?

यात्री : इसके पर्स की चोरी हुई।

कंडक्टर : पर्स की चोरी हुई? कितने पैसे थे?

दिलीप : ज़्यादा था। एक कौड़ी भी नहीं बची है। चोर ने सब कुछ उड़ा लिया।

कंडक्टर : कोई बाहर न जाओ। अभी पुलिस को बुलाऊंगा। (दूसरों से) देखो किसी को बाहर नहीं जाने देना है।
(कंडक्टर सड़क पर खड़ी पुलिस को सूचना देता है। पुलिस वहाँ पहुँचती है)

पुलिस : (दिलीप से) आपकी जेब कटी हुई है न?

दिलीप : जी साहब, मुझे अभी अभी पता चला है।

पुलिस : क्या आप बाहर का आदमी है न?

दिलीप : जी साहब, मैं केरल का आदमी हूँ। यहाँ आए तीन दिन हुए। संसद कार्यालय में मेरे भाई काम कर रहे हैं। उनके यहाँ ठहरता हूँ। नौकरी की खोज में आया था।

पुलिस : आपके भाई का पता तो दीजिए।

दिलीप : यह लें उनका विसिटिंग कार्ड। साहब उनका मोबाइल नंबर भी उसमें है।

पुलिस : अभी हम उनको सूचना अवश्य देंगे। आप चिंता मत करें। (दूसरों से) कोई बाहर न जाना। (ड्राइवर से) गाड़ी सीधे थाना चलाओ। (दिलीप से) किस स्टॉप से आप गाड़ी पर चढ़े थे?

दिलीप : मंडी हाउस से साहब।

पुलिस : किसी के बरताव में आपने कुछ खासियत देखी है?

दिलीप : वो चश्मावाला कुछ समय तक मेरे पीछे खड़ा था। देखने से शरीफ दिखाई देता है।

पुलिस : आजकल शरीफ लोग ही काफी चोरी करते हैं। कोई बात नहीं। हाँ, थाना पहुँचकर सभी शरीफों का माप-तौल हो जाएगा।

(गाड़ी थाना तक पहुँचती है। सब की देह-जाँच की जाती है। चश्मावाला परेशान हो जाता है। उसके कपड़ों के भीतर छिपाए हुए पर्स निकाला जाता है।)

पुलिस : यही है आपका पर्स?

दिलीप : हाँ, हाँ यही है मेरा पर्स।

(दिलीप का भाई और उनका वकील दोस्त आ जाते है)

दारोगा : आप यहाँ!

वकील : यह तो मेरा दोस्त सनल है। संसद में काम करता है। दिलीप इसका छोटा भाई है। बोलिए साहब क्या हुआ?

दारोगा : कोई बात नहीं। एक आम घटना ही है। पर बिना मुश्किल चोर पकड़ा गया। पर्स भी मिला। (दिलीप से) आप एक प्राप्ति-पत्र लिखकर दें और इनके साथ आराम से चलिए।

दिलीप : आपने बढ़िया सेवा की है। आप लोगों की सेवा परायण ता पर नतमस्तक हूँ। बहुत-बहुत धन्यवाद साहब।

दारोगा : ठीक है, नमस्कार। चलिए।

अभ्यास–छः

आप उत्तर भारत के एक सरकारी कार्यालय में पहुँचते हैं। वहाँ कर्मचारियों से हुई अपनी बातचीत का नमूना प्रस्तुत कीजिए।

तत्काल फोन पर

आज सम्प्रेषण के साधन यों विकसित हुए हैं कि कहीं से भी दूसरों तक विचारों की तुरंत अभिव्यक्ति हो सकती है। एक जागरूक एवं प्रतिबद्ध व्यक्ति का दायित्व भी है कि उसे अपने परिवेश को गहराई से समझना तथा यदि वहाँ कोई अव्यवस्था है तो यथाशीघ्र उनकी जानकारी उचित व्यक्ति या संस्था के पास पहुँचाना। यदि सड़क पर कोई दुर्घटना होती दिखाई देती है तो शिक्षित लोगों को कभी ऐंबुलेंस वाले से या पुलिस वालों से संपर्क करना पड़ता है। इसी तरह तत्काल फोन पर जो सन्देश पहुँचाया जाता है उसके कुछ नमूने यहाँ दिए गए हैं। इन्हीं के आधार पर अन्य संदर्भों में प्रयुक्त बातचीतों को रूपायित करना काफी आसान होगा।

पुलिस स्टेशन

(फोन नंबर 100 डायल करके)

—हैलो, यह तो पुलिस स्टेशन है न?

—हाँ जी कौन बोल रहा है?

—पहाड़गंज से अमीर शाह बोल रहा हूँ। यहाँ बस अड्डे में एक संदूक दिख पड़ता है। यात्री काफी परेशान हैं।

—जी चिंता मत करें। हम अभी आ पहुँचेंगे। किसी को उसके पास न जाने देना है।

—जी साहब। धन्यवाद।

एंबुलेंस के लिए

(नंबर 102 डायल करके)

—हैलो यह तो सिटी एंबुलेंस सेवा है न?

—जी बोलिए, क्या बात है?

—साहब, मैं रमेश गुप्ता, जनकपुरी से बोल रहा हूँ। यहाँ सुपर बाज़ार के सामनेवाली सड़क पर एक मोटर दुर्घटना हुई है। तीन-चार लोग बुरी तरह घायल पड़े हैं।

—जी, आपका मोबइल बताइए।

—मेरा नंबर है 9849647133।

—जी, हम अभी आ जाएँगे।

—धन्यवाद जी, नमस्कार।

दूरदर्शन कार्यक्रम में

(दूरदर्शन में मनपसंद फिल्मी गीतों का प्रसारण चल रहा है।)

—हैलो, यह स्टार टी.वी. है न?

—हाँ कौन बोल रहा है?

—मैं कृष्ण कुमार केरल से बोल रहा हूँ।

—बोलिए आपको कौन सा गीत चाहिए?

—मुझे 'शोले' फिल्म का 'यह दोस्ती वाला' गीत चाहिए। क्या दिखा देंगे?

—हाँ, जी, अभी दिखा देंगे। फिर बोलिए आप क्या कर रहे हैं?

—मैं इधर कोचिन में बी.ए. के लिए पढ़ रहा हूँ।

—हमारा कार्यक्रम आपको कैसा लग रहा है।

—बढ़िया है।

—तो नमस्कार। फिर ज़रूर फोन करना है।

समाचार पत्र के संपादक से

: हैलो, क्या यह 'नई दुनिया' का कार्यालय है?

कर्मचारी : हाँ, जी, बोलिए कौन बोल रहे हैं?

फोन पर : मैं रवींद्रन पिल्लै इन्दौर से बोल रहा हूँ। मुझे एक विशेष बात की ओर आप का ध्यान आकृष्ट करना है।

कर्मचारी : जी, माफ़ कीजिए, हमारे समाचार सम्पादक लाइन पर हैं। आप सीधे उनसे बातचीत कीजिए।

रवींद्रन : ठीक है साहब।

संपादक : मैं कृष्ण सागर, समाचार सम्पादक हूँ। बोलिए बात क्या है?

रवींद्रन : जी, आजकल हमारी रेलगाड़ियों की बेहद बुरी स्थिति है साहब! कई डिब्बों में पानी की व्यवस्था भी नहीं है। सब इतने गंदे है कि सब कहीं कूड़े और कीड़े ही नज़र आते हैं। मेरा निवेदन है कि आप अपने अख़बार में इस पर एक फ़ीचर तैयार करें ताकि रेल वालों की आँख खुल जाएँ।

संपादक : हाँ भाई, हमारे पास इस मामले पर कई पत्र आए हैं। तुरंत हम इस पर एक प्रभावशाली रिपोर्ट प्रकाशित करेंगे।

रवींद्रन : धन्यवाद जी!

संपादक : ठीक है, धन्यवाद!

नौकरी के लिए आवेदन पत्र

मलयालम भाषी छात्रों को नौकरी की तलाश में हिंदी भाषी प्रदेशों में जाना आम बात है। कुछ मेहनती नौजवान सिविल सर्विस, एम.एस. डब्ल्यू., सी.ए. आदि के लिए तैयारी भी करते हैं और उसी के बीच किसी संगठन में अंशकालीन रूप में नौकरी भी करते हैं। किसी गैर सरकारी संगठन में नौकरी की खोज करते वक्त वहाँ आवेदन पत्र पेश करना पड़ता है। साथ ही, संगठन के प्रबन्धकों के पास अपना जीवन-वृत्त भी प्रस्तुत करना अनिवार्य है। यहाँ क्रमशः आवेदन पत्र और जीवन-वृत्त के नमूने दिए गए हैं।

नौकरी के लिए आवेदन पत्र का प्रारूप

प्रेषक का पता
दिनांक

बाक्स संख्या–225
नवभारत टाइंस,
बंबई

संदर्भ : आपका विज्ञापन–दिनांक 10 मई 2005
विषय : लिपिक के लिए आवेदन पत्र

महोदय,

उपर्युक्त विज्ञापन के सिलसिले में यह आवेदन पत्र आपकी सेवा में भेज रहा हूँ। मेरी योग्यता और अनुभव सम्बन्धी विवरण इसमें संलग्न है।

भवदीय

नाम

जीवन वृत्त

1. पूरा नाम :
2. पुरुष/स्त्री :
3. जन्म तिथि :
4. वर्तमान पता :
5. स्थाई पता :
6. (क) पिता का नाम :
   (ख) धन्धा
7. वैवाहिक स्थिति :
8. समुदाय/जाति :
9. राष्ट्रीयता :
10. दूरभाष तथा ईमेल पता :
11. शैक्षिक योग्यताएँ
    (क) महाविद्यालय/संस्था का नाम और पता जहाँ से शिक्षा प्राप्त हुई :
    (ख) जिस विश्वविद्यालय से महाविद्यालय संबद्ध है उसका नाम और पता :

12. शैक्षिक योग्यताओं का ब्यौरा

क्रमांक	उत्तीर्ण परीक्षाएँ	विषय	अध्ययन काल	अंक/प्रतिशत

(प्रमाण पत्रों की अनुप्रमाणित प्रतियों को संलग्न करना है।)

13. निम्नलिखित कार्य कलापों से आवेदक का सम्बन्ध

(क) खेलकूद :

(ख) एन.सी.सी :

(ग) एन.एन.एस :

(घ) पाठ्येतर कार्यकलाप :

14. पूर्व अनुभव है तो उसका ब्योरा :

15. संलग्न दस्तावेजों की सूची :

(क)

(ख)

(ग)

(घ)

घोषणा

मैं एतद्द्वारा (इसके द्वारा) सत्यनिष्ठापूर्वक घोषणा करता हूँ कि उक्त आवेदन में दिए गए सारे विवरण जहाँ तक मेरा पता और विश्वास है, सत्य और सही हैं।

हस्ताक्षर

स्थान :

तिथि : आवेदक का नाम

साक्षात्कार

आज प्रतियोगिता परीक्षाओं का एक अवश्य अनुपूरक के रूप में साक्षात्कार माना जाता है। कर्मचारियों एवं शिक्षार्थियों के चयन में इसके लिए और कोई विकल्प नहीं होता। पर कई अभ्यर्थी इसके महत्त्व और अर्थ को गहराई से समझते भी नहीं है, जिससे कई योग्यताओं के होते हुए उन्हें मनपसंद धंधों की प्राप्ति नहीं होती। पंद्रह बीस मिनट के अन्तर्गत एक व्यक्ति की वैयक्तिक एवं चारित्रिक विशेषताओं का उद्‌घाटन किया जाएगा जो किसी भी परीक्षा के द्वारा असंभव होगा। अक्सर देखा जाता है कि जो लिखित परीक्षा में प्रथम आता है वह नियुक्ति के लक्ष्यों और आशाओं को निभाने में असफल होता है। साक्षात्कार कार्य उन बिंदुओं पर दृष्टि डालती है कि अभ्यर्थी मानसिक दृष्टि से संतुलित, जागरूक, नेतृत्व गुणों से सम्पन्न है या नहीं एक आदर्श साक्षात्कार किसी प्रभावशाली बिक्रीकर्ता की तरह है जो अपनी उपलब्धियों एवं अच्छाइयों को साक्षात्कार की समिति के सम्मुख प्रदर्शित करने की कला में प्रवीण हो।

साक्षात्कार समिति तीन से अधिक विद्वानों और विशेषज्ञों की एक मंडली होती है और उस समिति का एक अध्यक्ष भी होगा। साधारणतः चार-पाँच प्रारंभिक प्रश्नों को पूछकर अध्यक्ष ही साक्षात्कार शुरू करेंगे। उनके बाद समिति के प्रत्येक सदस्य प्रश्न पूछेंगे और उम्मीदवार को उस सदस्य को जवाब देना होगा जो पूछता है। पर ध्यान दें कि आप किसी सदस्य या अध्यक्ष के प्रश्न का जवाब देते वक्त दूसरे सदस्यों की उपस्थिति को नकारने का प्रयास न करें।

नमूना–एक भैषज्य कंपनी में शाखा प्रबन्धक के पद के लिए।

उम्मीदवार : (सबके प्रति) नमस्कार साहब।

अध्यक्ष : हाँ, नमस्कार बैठिए।

उम्मी : (कुर्सी पर आसीन होकर) धन्यवाद साहब।

अध्यक्ष : आपका शुभ नाम क्या है?

उम्मी : सुरेश कुमार।

अध्यक्ष : आपने किस विषय पर बी.ए. किया है?

उम्मी : अर्थशास्त्र पर साहब।

अध्यक्ष : आपको कितना अंक मिला?

उम्मी : जी, साठ प्रतिशत।

अध्यक्ष : आपके विश्वविद्यालय में उस साल कितने छात्रों को प्रथम श्रेणी मिली थी?

उम्मी : जी, सिर्फ पाँच छात्रों को।

सदस्य : तो आपको अपनी परीक्षाओं में अच्छी सफलता मिली है।

उम्मी : हाँ जी।

सदस्य : आज का कौन सा समाचार आपको सबसे प्रभावशाली लगा?

उम्मी : जी, मैंने हिन्दू दैनिक में आज पढ़ा है कि संयुक्त राष्ट्र संघ में भारत को स्थाई सदस्यता न देने का षडयंत्र चल रहा है। हम जैसे विकासशील राष्ट्रों के लिए यह बड़ी चुनौती रही है। यहाँ अंतर्राष्ट्रीय सहमिति से फायदा उठाने के लिए विकसित राष्ट्र कोशिश करते हैं और यहाँ अविकसित-अर्द्धविकरित राष्ट्रों की आत्मनिर्भरता पर बाधा भी डालते हैं।

सदस्य : इस मामले पर आपका विशिष्ट दृष्टिकोण रहा है। अच्छी बात है। तो पूछूँ कि आपने यहाँ प्रबन्धक के पद पर आवेदन दिया है न? आप हमारी कंपनी के बारे में क्या

जानते हैं?

उम्मी : जहाँ तक मेरा ख्याल है, आपकी कंपनी एक अंतर्राष्ट्रीय स्तर भैषज्य कंपनी है। संसार भर में इसकी शाखाएँ हैं। आप लोग उत्पादन और विपणन में इतने सतर्क दिखाई पड़ते हैं कि आपसे निर्मित दवाओं और उपकरणों पर आज तक कोई दोष नहीं ठहराया गया है।

अध्यक्ष : खुशी की बात है कि आपका हमारे संगठन पर पूरा यकीन है। क्या आपको पता है कि एक प्रबन्धक की सबसे महत्त्वपूर्ण योग्यता कौन सी होगी?

उम्मी : जी साहब, उसको सर्वप्रथम अपने संगठन के मूलभूत उद्देश्यों एवं नियमों को गहराई से समझना चाहिए। साथ ही अपने अधीन काम करने वाले कर्मचारियों के उत्साह और सहयोग भावना को जगाने तथा उन्हें संगठन की नीतियों और उद्देश्यों के साथ जोड़ने का कार्य भी करना होगा।

अध्यक्ष : अच्छा, आपने बढ़िया जवाब दिया है। आपको सभी प्रकार की शुभकामनाएँ दे रहे हैं। ठीक है, आप चलिए।

उम्मी : बहुत धन्यवाद साहब, नमस्कार।

पारिभाषिक शब्दावली

स्वास्थ्य

Bio chemist	-	जीव रसायन
Blood pressure	-	रक्तचाप
Certificate of Fitness	-	आरोग्य प्रमाण पत्र
Clinic	-	निदानालय
Family welfare worker	-	परिवार कल्याण कार्यकर्ता
Food Inspector	-	खाद्य निरीक्षक
Hospital Storekeeper	-	चिकित्सालय भंडारी
Infirmary Nurse	-	रुग्णालय परिचारिका
Injection Room	-	सूई कक्ष
Intensive Care Unit	-	गहन देखभाल एकक
Laboratory Boy	-	प्रयोगशाला भृत्य
Medical Certificate	-	चिकित्सा प्रमाण पत्र
Medicine Department	-	काय-चिकित्सा विभाग
Menu	-	भोज्य तालिका
Midwifery Tutor	-	प्रसूति अनुशिक्षक
National Institute of mental Health and neuro Science	-	राष्ट्रीय मानसिक स्वास्थ्य एवं तंत्रिका विज्ञान संस्थान
Natural Institute of Nutrition	-	राष्ट्रीय पोषण संस्थान

Nutritionist - पोषणविद्
Optician - चश्माताज़
Opticist - दृष्टि विज्ञानी
Pathologist - विकृति विज्ञानी
Pharmacist - भैषाजिक
pharmacognosist - भेषज अभिज्ञानी
Psychologist - मनोविज्ञानी
Physio-Therapist - भौतिक चिकित्सक
Physiologist - क्रियाविज्ञानी
Primary Health Centre - प्राथमिक स्वास्थ्य केंद्र
Public Health Dept. - लोक स्वास्थ्य विभाग
Radiologist - विकिरण विज्ञानी
Receptionist - स्वागतकर्ता
Refreshment Room - उपाहार कक्ष
Rehabilitation - पुनर्वास
Rent - किराया/भाड़ा
Retiring Room - विश्राम कक्ष
Speech Therapists - वाक् चिकित्सक
Surgeon - शल्य-चिकित्सक
Tourist Lodge - पर्यटक भवन
Vegetable Oil - वनस्पति तेल
X-ray Technician - एक्स-रे प्रविधिज्ञ

कार्यालय

Account - खाता
Agenda - कार्यसूची
Confidential - गोपनीय
Entry - प्रविष्ट/इंदराज़

Executive - कार्यपाल
Gratuity - उपदान
Misconduct - कदाचार
Proceeding - कार्यवाही
Relieving - कार्यमुक्ति
Working Day - कार्यदिवस

कार्यालयी/प्रशासनिक प्रयुक्तियाँ

Accountant - लेखाकार
Accounts Officer - लेखा अधिकारी
Administration Section - प्रशासन अनुभाग
Advance - अग्रिम/पेशगी
Agency - अभिकरण
Anti-Corruption Branch - भ्रष्टाचार-निरोध शाखा
Appointment - नियुक्ति
Approval - अनुमोदन
Assistant Auditor - सहायक लेखा परीक्षक
Attestation - अनुप्रमाणन
Bearer - वाहक
Bill - विधेयक
Block Development Officer - खंड विकास अधिकारी
Board of Higher Secondary Education - उच्चतर माध्यमिक शिक्षा विभाग
Candidate - उम्मीदवार/प्रत्याशी/अभ्यर्थी
Caste - जाति
Census - जनगणना
Citizenship - नागरिकता

Claim - दावा
Coach - गाड़ी/डिब्बा
Code - संहिता
Commissioner - आयुक्त
Community - समुदाय
Daily Wages - दैनिक मज़दूरी
Director - निदेशक
Draft - मसौदा/प्रारूप
Election Commission - निर्वाचन आयोग
Employer - नियोक्ता
Exit - निर्गम
Faculty - संकाय
Fair Copy - स्वच्छ पत्र
File - मिसिल
Finance Advisor - वित्त सलाहकार
Gazetted - राजपत्रित
Guidance - संदर्शन
Income Tax - आयकर
Initials - आद्यक्षर
Interest - ब्याज
Joint Director - संयुक्त निदेशक
Leave - छुट्टी
License - अनुज्ञप्ति
Life Insurance Corporation - जीवन वीमा निगम
Lower Division Clerk - अवर श्रेणी लिपिक
Man Power Directorate - जनशक्ति निदेशालय
Manager - प्रबंधक
Mobile Squad - चलदस्ता

Motto - आदर्शवाक्य
Municipality - नगरपालिका
No Objection Certificate - अनापत्ति पत्र
Nominated - मनोनीत
Officer in Charge - प्रभारी अधिकारी
Officer Supervisor - कार्यालय पर्यवेक्षक
Oath - शपथ
Part Time - अंशकालिन
Payment Clerk - भुगतान लिपिक
Petition - अर्जीनवीस
Plumber - नलसाज
Peon - चपरासी
Private - गैर सरकारी/निजी
Promissory Note - वचन पत्र
Promotion - पदोन्नति
Proposal - प्रस्ताव
Provisional - अनंतिम
Qualification - योग्यता/अर्हता
Ratio - अनुपात
Record - अभिलेख
Recruitment - भर्ती
Registration Officer - पंजीयन अधिकारी
Reservation - आरक्षण
Retirement - सेवा निवृत्ति
Revenue Stamp - रसीदी टिकट
Salary - वेतन
Salesman - बिक्रीकर्ता
Sanction - मंजूरी

Satisfactory	-	संतोषजनक
Saving	-	बचत
Scale of Pay	-	वेतन मान
Screening Committee	-	छानबीन समिति
Scrutinizer	-	संवीक्षक
Seal	-	मुद्रा/मोहर
Secretariat	-	सचिवालय
Selection Grade Clerk	-	प्रवरण कोटि लिपिक
Service Book	-	सेवा पंजी
Signature	-	हस्ताक्षर
Staff Selection Commission	-	कर्मचारी चयन आयोग
Statement	-	विवरण
Stenographer	-	आशुलिपिक
Store Keeper	-	भंडारी
Survey	-	सर्वेक्षण
Suspension	-	निलंबन
Time Table	-	समय-सारणी
Traffic	-	यातायात
Transport	-	परिवहन
Treasurer	-	कोषाध्यक्ष
Typist	-	टंकक
Uniform	-	वर्दी
Upper Division Clerk	-	प्रवर श्रेणी लिपिक
Verification Officer	-	सत्यापन अधिकारी
Vigilance Officer	-	सतर्कता अधिकारी
Watcher	-	चौकीदार
Zoo	-	चिड़ियाघर

शिक्षा

Affiliated	-	संबद्ध
Aided College	-	सहायता प्राप्त महाविद्यालय
Autonomous	-	स्वायत्त
Higher Education	-	उच्च शिक्षा
Hostel	-	छात्रावास
Indian Educational Service	-	भारतीय शिक्षा सेवा
Inspector of Schools	-	विद्यालय निरीक्षक
Junior Lecturer	-	कनिष्ठ प्राध्यापक
No Admission	-	प्रवेश निषिध
Original Copy	-	मूल प्रति
Percent	-	प्रतिशत/फीसदी
Permanent	-	स्थाई
Permission	-	अनुज्ञा/अनुमति
Personal	-	वैयक्तिक
Personnel	-	कार्मिक
Physical Fitness	-	शारीरिक स्वस्थता
Principal	-	प्रधानाचार्य
Professor	-	आचार्य
Pro-Vice Chancellor	-	सम कुलपति
Qualifying Service	-	अर्हक सेवा
Registrar	-	कुल सचिव
Research Fellow	-	अध्येता
Research Scholar	-	शोध छात्र
Scheduled Caste	-	अनुसूचित जाति
Self Financing	-	स्वतः वित्तपोषित
Senior Librarian	-	वरिष्ठ पुस्तकालय अध्यक्ष
Short term Course	-	अल्पकालीन पाठ्यक्रम

Stipend - वृत्तिका/वज़ीफ़ा
Study Leave - अध्ययननार्थ छुट्टी
Team Spirit - सहयोग भावना
Terms - शर्तें
Test - परीक्षण/परख/जाँच
Thesis - शोध प्रबंध
University Grants Commission - विश्वविद्यालय अनुदान आयोग
Vice-Chancellor - कुलपति
Vocational Training - व्यावसायिक प्रशिक्षण

मीडिया

Comparer - मिलानकर्ता
Confirm - पुष्टि करना
Design Assistant - अभिकल्प सहायक
Documentary Film - वृत्त चित्र
Editor - संपादक
Film Division - फिल्म प्रभाग
Journalist - पत्रकार
Managing Editor - प्रबंध संपादक
Network - जाल/जाल-तंत्र
News Correspondent - समाचार संवाददाता
News Reader - समाचार वाचक
News Reel Unit - समाचार दर्शन एकक
News Reporter - समाचार दाता
News Service Division - समाचार सेवा प्रभाग
Offset Printer - ऑफसेट मुद्रक
Periodical - सामायिकी/पत्रिका
Photo Artist - छविकार

Press Information Bureau	- पत्र सूचना कार्यालय
Pressman	- पत्रकार
Producer (Film)	- निर्माता
Producer (Radio)	- प्रस्तुत कर्ता
Proof Reader	- प्रूफ वाचक
Publicity	- प्रचार
Rehearsal Room	- पूर्वाभ्यास कक्ष
Seen artist	- दृश्य लेखक
Senior Advertisement Assistant	- वरिष्ट विज्ञापन सहायक
Senior Most	- वरिष्ठतम
Transmission Station	- प्रसारण केंद्र
Wireless	- बेतार

उपाधियाँ

Bachelor of Arts (B.A)	- कला स्नातक
Bachelor of Business Administration (B.B.A)	- व्यवसाय प्रशासन स्नातक
Bachelor of Commerce (B.Com)	- वाणिज्य स्नातक
Bachelor of Education (B.Ed)	- शिक्षा स्नातक
Bachelor of Engineering (B.E)	- इंजीनियरी स्नातक
Bachelor of Home Science (B.H.Sc)	- गृह विज्ञान स्नातक
Bachelor of journalism & Communication (B.J.C)	- पत्रकारिता एवं संचार स्नातक
Bachelor of Law (L.L.B/B.C)	- विधि स्नातक
Bachelor of Library And Information Science (B.L.I.Se)	- पुस्तकालय एवं सूचना

विज्ञान स्नातक

Bachelor of Library Science
(B.L.Sc/B.Lib/B.Lib.Sc) - पुस्तकालय विज्ञान स्नातक

Bachelor of Nursing (B.Nur.) - परिचर्या स्नातक

Bachelor of Pharmacy
(B.Pharm.) - भेषजी स्नातक

Bachelor of Physical
Education (B.E.P) - शारीरिक शिक्षा स्नातक

Bachelor of Physiotherapy
(B.Physio.) - शारीरिक चिकित्सा स्नातक

Bachelor of Science (B.Sc) - विज्ञान स्नातक

Bachelor of Theology (B.Th.) - धर्मशास्त्र स्नातक

Bachelor of Social Science
(B.s.W) - सामाजिक कार्य स्नातक

Certificate - प्रमाण पत्र

Diploma - डिप्लोमा/सनद

Doctor of Letters
(D.Litt/Li.H.D) - साहित्य वाचस्पति

Intermediate - मध्यमा

Master of Arts (M.A) - कला निष्णात

Philosophy (Ph.D/D.Phil) - विधा वाचस्पति

विषय

Bio-Chemistry - जीव रसायन

Bio-Statistics - जैव-सांख्यिकी

Bio-Technology - जीव प्राद्योगिकी

Botany - वनस्पति विज्ञान

Chemistry - रसायन

Commerce - वाणिज्य
Computer Science - संगणक विज्ञान
Economics - अर्थशास्त्र
Information Technology - सूचना प्राद्योगिकी
Mathematics - गणित
Physics - भौतिकी
Political Science - राजनीति विज्ञान
Sociology - समाज विज्ञान
Statistics - सांख्यिकी
Zoology - प्राणि विज्ञान

कपड़े और गहने

Bangle - चूड़ी
Cap - टोपी
Cloth - कपड़ा
Dress - पोशाक
Ear-Ring - कर्ण फूल, झुमका
Garland - माला
Handkerchief - रूमाल
Khadi - खादी
Long Coat - शेरवानी
Ornament - गहना
Ring - अंगूठी
Salwer - सलवार
Sandal - चप्पल
Saree - साड़ी
Shawl - शाल
Shirt - कमीज़

Shoe - जूता
Silk - रेशम
Sleeve - आस्तीन
Socks - मोज़ा
Towel - तौलिया
Veil - घूँघट
Velvet - मखमल
Wool - ऊन

व्यवसाय

Accountant - लेखाकार
Administrator - प्रशासक
Advocate - वक़ील
Artisan - कारीगार
Assistant - सहायक
Barber - नाई
Blacksmith - लुहार
Boatman - मल्लाह
Carpenter - बढ़ई
Cart Man - गाड़ीवान
Clerk - लिपिक
Cobbler - मोची
Contractor - ठेकेदार
Cook - रसोइया
Dentist - दंत चिकित्सक
Dobby - धोबी
Doctor - डाक्टर, वैद्य
Driver - चालक

Employer - कर्मचारी
Executive - प्रबंधक
Farmer - किसान
Gardener - माली
Gatekeeper - दरबान
Gold Smith - सुनार
Journalist - पत्रकार
Judge - न्यायाधीश
Librarian - पुस्तकालयाध्यक्ष
Manager - प्रबंधक
Mason - राज
Minister - मंत्री
Nurse - परिचारिका
Sailor - नाविक
Tailor - दर्जी

दैनिक प्रयोग की वस्तुएँ

Articles - सामान
Building - भवन
Button - बटन
Candle Stick - मोमबत्ती
Carpet - गलीचा
Carriage - गाड़ी
Ceiling - छत्त
Copy - नकल
Cot - चारपाई
Cup Board - अलमारी
Cushion - गद्दा

Drawing Room - बैठक
Easy Chair - आराम कुर्सी
Electricity - बिजली
Envelope - लिफाफा
Fan - पंखा
Field - मैदान
Floor - फर्श
Flower Vase - फूलदान
Garden - बाग
Goods - माल
Store - भंडार
Tape - फीता
Veranda - बरामदा
Vehicle - गाड़ी/सवारी

रसोई की चीज़ें

Basket - टोकरी
Bottle - बोतल
Broom - झाड़ू
Bucket - बाल्टी
Coal - कोयला
Cup - प्याला
Dish - तश्तरी
Firewood - लकड़ी
frying Pan - कड़ाही
Glass - गिलास
Hot Plate - तवा
Jar - मर्तबान

Knife and Fork - छुरी-काँटा
Knife - चाकू
Lid - ढक्कन
Matches - दिया सलाई
Oven - अंगीठी, चूल्हा
Plate - थाली
Saucer - तश्तरी
Spoon - चम्मच
Tongs - चिमटा
Utensil - बर्तन

रिश्ते

Aged Person - बाबा
Bride Groom - दुल्हा
Bride - दुल्हिन
Brother in Law - साला
Brother's Daughter - भतीजी
Brother's Son - भतीजा
Daughter in Law - बहू
Elder Brother of Father - ताऊ
Elder Sister - दीदी
Father-in-Law - ससुर
Father's Father - दादा
Father's Mother - दादी
Grand Daughter - पोती
Great Grand Father - परदादा
Husband - पति
Husband's Sister - ननद

Maternal Uncle - मामा
Mother-in-Law - सास
Mother's Father - नाना
Mother's Mother - नानी
Paternal Uncle - चाचा
Sister - बहन
Sister's Daughter - भानजी
Sister's Husband - बहनोई/जीजा
Sister's Son - भानजा
Son-in-Low - दामाद
Son's Wife - बहू
Younger Sister of Mother - मौसी

खाने-पीने की चीज़ें

Barley - जौ
Black Gram - उड़द
Bread - डबल रोटी
Breakfast - नाश्ता
Butter - मक्खन
Cardamom - इलायची
Cheese - पनीर
Chilly - मिर्च
Cream of Milk - मलाई
Curd - दही
Flour - आटा
Gram - चना
Jaggery - गुड
Meal - खाना, भोजन

Oil	- तेल
Pepper	- काली मिर्च
Pickles	- अचार
Pulses	- दाल
Salt	- नमक
Snack	- नाश्ता
Spices	- मसाला
Sweet	- मिठाई
Tamarind	- इमली
Turmeric	- हल्दी
Wheat	- गेहूँ

फूल-फल और साग-सब्जियाँ

Almond	- बादाम
Apple	- सेब
Betel Leaf	- पान
Bitter Gourd	- करेला
Black Plum	- जामुन
Cabbage	- बंदगोभी
Carrot	- गाजर
Cashew Nut	- काजू
Coconut	- नारियल
Garlic	- लहसुन
Ginger	- अदरक
Grape	- अँगूर
Green Chilly	- हरी मिर्च
Jack Fruit	- कटहल
Jasmine	- चमेली

Lady's Finger - भिंडी
Onion - प्याज़
Orange - नारंगी
Papaya - पपीता
Pea Nut - मूँगफली
Pea - मटर
Pine Apple - अनन्नास
Potato - आलू
Pumpkin - कद्दू
Sugar Cane - गन्ना

शरीर के अंग

Arm - बाँह
Back Bone - रीढ़
Back - पीठ
Brain - दिमाग
Cheek - गाल
Elbow - कुहनी
Eye Brow - भौंह
Eye Lid - पलक
Finger - ऊँगली
Fore Head - माथा
Hip - कूल्हा
Knee - घुटना
Limb - हाथ-पैर
Lip - ओंठ
Lung - फेफड़ा
Mouth - मुँह

Nail - नाखून
Neck - गर्दन
Nose - नाक
Palm - हथेली
Shoulder - कंधा
Stomach - पेट
Thigh - जाँघ
Throat - गला
Thumb - अंगूठा
Toe - अंगूठा
Waist - कमर

महीने

January - जनवरी
February - फरवरी
March - मार्च
April - अप्रैल
May - मई
June - जून
July - जुलाई
August - अगस्त
September - सितंबर
October - अक्तूबर
November - नवंबर
December - दिसंबर

हिंदी भाषा

आज हिंदी भारत के एक विशाल भूखंड में और जनसंख्या के एक बड़े हिस्से में बोली जाती है। प्रशासन, वाणिज्य, जन-संपर्क, जन-संचार माध्यम, कला, संगीत, साहित्य, पत्रकारिता, मनोरंजन, खेलकूद इत्यादि के क्षेत्र में हिंदी का एक अखिल भारतीय रूप बन गया है। समय के साथ शब्द-भंडार, व्याकरण, पद-विन्यास और उच्चारण के एक मानकीकरण की ओर हिंदी बढ़ी। सामाजिक व्यवहार की औपचारिक भाषा के रूप में भी राष्ट्र ही नहीं अपितु अंतर्राष्ट्रीय जन-जीवन में हिंदी को सार्वजनिक प्रतिष्ठा प्राप्त हो चुकी है। हिंदी के प्रख्यात विद्वान डॉ. रामविलास शर्मा ने अपनी पुस्तक 'भाषा और समाज' में लिखा है—"बोलियाँ लहरों की तरह हैं। प्रत्येक लहर का दायरा दस-बारह कोस का होता है। इनमें से जब कोई एक बोली भाषा बनकर बारह कोस की जगह बारह सौ कोस का दायरा घेर लेती है, तब भी वे बोलियाँ समाप्त नहीं हो जातीं। भाषा के साथ उनका शांतिपूर्ण या अशांतिपूर्ण सह-अस्तित्व बना रहता है।"

बोली के सीमित क्षेत्र के बाहर भाषा अपनी सामान्य प्रकृति में सांस्कृतिक और सामाजिक व्यवहार में काम आती है। हम जिन जनपदीय भाषाओं से आधुनिक भाषाओं का उद्भव और विकास मानते हैं, वे अधिकतर परिनिष्ठित भाषाएँ न होकर बोलियों का समूह थीं। इन बोलियों की स्थिर सीमाएँ न थीं। दरअसल बोलियों से भाषा तक का विकास सामाजिक विकास की अवस्था से सीधे होता है। सामाजिक, आर्थिक, धार्मिक विकास की प्राचीन परंपरा में मनुष्य समुदाय छोटे-छोटे कबीलों में रहते थे, एक सीमित भू-भाग में उनकी अपनी बोलियाँ बनीं, जिनमें

उनका सामान्य आदान-प्रदान होता रहता था। व्यापार और लेन-देन की बढ़ती आवश्यकताओं के चलते जब ये आपस में संपर्क में आए तो जनपदों के सामान्य व्यवहार की एक भाषा बन गई, जो उनकी बोलियों का ही विकसित रूप थी। ये कालांतर में विकसित होकर मानक भाषा के रूप तक पहुँचीं।

'हिंदी' नाम का प्रचलन

'हिंदी' नाम का इतिहास अत्यंत रोचक है। संस्कृत, प्राकृत या अपभ्रंश किसी भी प्राचीन आर्यभाषा में हिंदी शब्द का प्रयोग नहीं मिलता, संभवतः हिंदी शब्द का उद्‍भव संस्कृत शब्द 'सिंधु' से माना गया है। यह सिंधु नदी और उसके आसपास के भूखंड का नाम है। यूनान या ईरान के लोगों ने सिंधु नदी के लिए 'इंदिका' शब्द का प्रयोग किया। यही इंदिका बाद में लैटिन भाषा का **इंडिया** बना। इंदिका तथा इंडिया शब्द पहले पश्चिमोत्तर प्रदेश के लिए प्रयुक्त होता था किंतु समय के साथ संपूर्ण भारत के लिए प्रयुक्त होने लगा।

ईरानियों के प्राचीन ग्रंथ 'अवेस्ता' में लिखित 'हेंद', हिंदु तथा हप्तहिंधव या हप्तहिंदवी शब्द वस्तुतः सिंधु तथा सप्तसिंधव के ही फारसी रूप हैं। ईरानी में 'स' का उच्चारण 'ह' होता है, इसलिए 'सिंधु' का नाम 'हिंदू' हो गया और बाद में 'हिंद' हो गया। इसका अर्थ हुआ 'सिंध देश' बाद में 'हिंद' शब्द पूरे भारत के लिए प्रयुक्त होने लगा।

इसमें ईरानी का 'इक' प्रत्यय लगने से 'हिंदीक' शब्द बना जिसका अभिप्राय हैं 'हिंदका'। इसी 'हिंदी का' शब्द से यूनानी शब्द 'इंदिका' और वहीं से अंग्रेजी शब्द 'इंडिया' बना। विद्वानों के अनुसार 'हिंदीक' से 'क' शब्द के लोप हो जाने से 'हिंदी' शब्द रह गया जिसका मूल अर्थ 'हिंद का' होता है। मध्यकालीन ईरानी में 'हिंदीक' शब्द भी प्रयुक्त हुआ है। यही 'हिंदीक' हिंदी का मूल शब्द है।

ईरान में छठी शताब्दी से पूर्व भारतीय भाषाओं के लिए 'जबान-ए-हिंदी' का प्रयोग हुआ है। यूनानियों ने भारत की भाषा को 'जबाने हिंदी' कहा।

उनका संबंध मध्यदेशों से होने के कारण मध्यदेश की बोली के लिए जबाने हिंदी, हिंदी जबान या हिंदी का प्रयोग था। हिंदी शब्द ईरान से ही अरब, मिस्र आदि देशों में पहुँचा। अरब के लोगों की दृष्टि में हिंद और सिंध दो अलग प्रदेश थे। कश्मीर की तराई से लेकर सिंधु नदी तक का प्रदेश सिंध कहलाता था और गुजरात से लेकर कन्याकुमारी तक हिंद प्रदेश माना जाता था।

यूनान/ईरान के बादशाह नौशेखाँ (531-579 ई.) ने अपने एक विद्वान हकीम बजरोया को **पंचतंत्र** का अनुवाद कर लाने के लिए भेजा था। बजरोया ने अपने अनुवाद में 'कर्कटक' और 'दमनक' का कलीला और दिमना नाम रखा। नौशेखाँ के महामंत्री बुजर्च मेहर ने इसकी भूमिका में इस अनुवाद को 'जबान-ए-हिंदी' से किया हुआ बताया है।

यहाँ जबान-ए-हिंदी से अभिप्राय है भारतीय भाषा 'संस्कृत'। इसके उपरांत पद्य और गद्य में कई अनुवाद हुए और इन सभी को जबान-ए-हिंदी कहा गया। संस्कृत के लिए यह नाम दसवीं शताब्दी तक जारी रहा।

इसके बाद 1227 ई. में मिनहाजुस्सिराज ने अपनी पुस्तक 'तबकाते नासिरी' में जबान-ए-हिंदी के संदर्भ में विहार का अर्थ 'मदरसा' रखा। यह इस बात की पुष्टि करता है कि उसकी भाषा में जबान-ए-हिंदी का प्रयोग संस्कृत के लिए न होकर अपितु भारतीय भाषा अथवा भारत के मध्य भाग यानी मध्यदेशीय बोलियों के लिए होता था।

14वीं शताब्दी में 'हिंदी' शब्द का प्रयोग एक ही भाषा के लिए होने लगा।

सन् 1333 ई. में इब्न बतूता ने अपने 'रेहला इब्न बतूता' में 'किताबत अलाबज अलजदरात विल हिंदी' यानी कुछ दीवारों पर हिंदी में लिखा था। ऐसा उल्लेख किया है। सन् 1924 ई. में तैमूरलंग के पोते के शासनकाल में 'शरफुद्दीन यज्दी' के 'ज़फरनामा' में 'हिंदी' शब्द मिलता है। इस भाँति हिंदी शब्द का प्रयोग वस्तुतः मुसलमानों ने किया था।

17वीं शताब्दी तक हिंदी व हिंदवी शब्द समानार्थक थे तथा मध्यदेश

की भाषा का अर्थ देते थे।

'भाषा' शब्द का प्रचलन

भारत में 'भाषा' का प्रयोग प्राचीन काल से ही होता आया है। जो प्रारंभ में संस्कृत, फिर प्राकृत और बाद में हिंदी के लिए प्रयुक्त हुआ। कबीर, जायसी, तुलसी आदि ने अपने साहित्य में प्रयुक्त भाषा को 'भाषा' कह कर पुकारा। जबकि वह अवधी, भोजपुरी आदि की पंचमेल खिचड़ी थी।

'संस्कृत कबिरा कूप-जल, भाषा बहता नीर'–कबीर। फोर्ट विलियम कॉलेज में हिंदी शिक्षक के लिए 'भाषा मुंशी' का प्रयोग होता था। यह **भाषा** शब्द बाद में **भाखा** के रूप में भी प्रयुक्त होता रहा। जो आधुनिक काल तक प्रयोग में लाया जाता रहा। तदुपरांत 'भाखा' शब्द ब्रजभाषा के लिए रूढ़ हो गया।

विद्वानों के मतानुसार भारत में 'हिंदी' शब्द का प्रयोग सर्वप्रथम अमीर खुसरो ने किया था। बाद में 'खालकबारी' कोश में इसका प्रयोग कई बार हुआ। यहाँ इस बात का उल्लेख अनिवार्य है कि 'हिंदी' की अपेक्षा 'हिंदवी' शब्द अधिक प्राचीन है। **हिंदी, हिंदवी** या **हिंदुई** शब्द एक ही अर्थ का संकेत करते हैं।

दरअसल भाषा के अर्थ में हिंदवी या हिंदुई शब्द का प्रयोग अमीर खुसरो ने कई स्थलों पर किया है। एक स्थान पर वे कहते हैं–

'तुर्क हिंदुस्तानिम मन हिंदवी गोयम जवाब', अर्थात हिंदुस्तानी तुर्क हूँ, हिंदवी में जवाब देता हूँ। यह भी कहा जाता है कि हिंदी शब्द का प्रयोग पहले भारतीय मुसलमानों के लिए होता था।

गौरतलब तथ्य यह है कि हिंदी का नाम अकबर के दरबार में स्वीकृत भाषाओं में नहीं मिलता। अमीर खुसरो के ग्रंथ–'नुहसिपर' में जिन ग्यारह भाषाओं–सिंधी, लाहौरी, कश्मीरी, गौड़ी, बंगाली, गुजराती, तिलंगी, मावरी कोंकणी, ध्रुव समुंदरी, अवधी, देहलवी का उल्लेख है उनमें हिंदी, हिंदवी का नाम नहीं है।

इसी भाँति अबुल फज़ल के 'आईने अकबरी' में जो बारह नाम

मिलते हैं—मुलतानी, देहलवी, मारवाड़ी, गुजराती, मराठी, तिलंग, कर्नाटकी, बंगाली, सिंधी, अफगानी, बलूचिस्तानी, कश्मीरी उनमें भी हिंदी या हिंदवी का जिक्र नहीं है।

ऐसा माना जाता है कि **देहलवी** भाषा का उल्लेख ही **मध्यदेशीय भाषा** या **हिंदी** है। इस दृष्टि से इतना और कहा जा सकता है कि हिंदवी या हिंदी शब्द संभवतः साहित्य तक सीमित हो। दक्षिण में बीजापुर गोलकुंडा राज्यों में जिस हिंदी का प्रचार था वह दिल्ली मेरठ की खड़ीबोली ही थी जो उत्तर से आकर दक्षिण में बसे मुसलमान अपने साथ लाए थे। वे बोलचाल में उसका प्रयोग यहाँ भी किया करते थे। साहित्य के क्षेत्र में उन्होंने इसी भाषा का प्रयोग किया। हज़रत बंदेनवाज गेसूदराज, शाह बुरहानुद्दीन जानम, मीरांजु शम्सुल इश्शाक मुल्ला वजही आदि साहित्यकारों ने अपनी कृतियों में हिंदवी या हिंदी शब्द का प्रयोग किया है। दक्षिण भारत में हिंदी को **दक्खिनी हिंदी, दकनी** या **दखनी** कहा गया, इसका संबंध भाषा की दृष्टि से दक्षिण की किसी भाषा से नहीं है। दक्षिण में हिंदी फारसी लिपि में लिखी जाती थी। हिंदुओं ने भाषा को **हिंदवी** तथा मुसलमानों ने **हिंदी** कहा।

इस प्रकार भाषा के अर्थ में हिंदी शब्द के प्रयोग का श्रेय भारतीय मुसलमान कवियों को ही है जो दक्षिण में बसे थे और दक्खिनी में साहित्य-सृजन में रत थे। 19वीं शताब्दी के पूर्वार्द्ध तक उर्दू के लेखकों में प्रायः हिंदी का प्रयोग उर्दू या उसके समानार्थी रूप में प्रयुक्त होता था किंतु आज 'हिंदी' शब्द विवादास्पद बन गया है।

अब प्रश्न यह खड़ा होता है कि उर्दू एक अलग भाषा है या हिंदी की एक अलग शैली? 'हिंदुस्तानी' शब्द से क्या तात्पर्य है? क्या यह हिंदी-उर्दू दोनों का सामान्यीकृत रूप है और बोलचाल की भाषा के रूप में बोली जाती है? वास्तव में हिंदी, हिंदुस्तानी तथा उर्दू की व्युत्पत्ति के संदर्भ को जानने के बाद हिंदी के स्वरूप का सही रूप देखा जा सकता है।

उर्दू

'उर्दू' शब्द तुर्की भाषा का है जिसका अर्थ है—'शाही शिविर या खेमा'। जब मुगल बादशाह भारत आए तो उन्होंने यहाँ बड़े-बड़े फौजी पड़ाव डाले जिन्हें 'उर्दू-ए-मुअल्ला' कहा जाता था। स्थानीय लोगों से परस्पर आदान-प्रदान संप्रेषण करते-करते इनकी भाषा अरबी-फारसी-तुर्की में पंजाबी, कौरवी, ब्रज, बाँगरू आदि का मिश्रण होने लगा। जिससे एक नई बोली का विकास हुआ। इस बोली या भाषा को 'जबान-ए-मुअल्ला' कहा गया। इसी का संक्षिप्त रूप 'उर्दू' कहलाने लगा। कुछ लोग इसे 'हिंदी' या 'रेख्ता' भी कहते हैं।

इस प्रकार **उर्दू** और **हिंदी** में कोई भेद नहीं है लेकिन अलगाव की भावना से इसमें अरबी, फारसी शब्दों, मुहावरों का अधिकाधिक प्रयोग किया गया और अरबी-फारसी लिपि को अपनाया गया। इसे अलग रूप देने का प्रयास किया गया जबकि दोनों का व्याकरण एक ही है। वास्तव में हमें यह दृष्टिगत होता है कि उर्दू एक ओर हिंदी की एक विशिष्ट शैली है किंतु दूसरी ओर इसने एक विशिष्ट साहित्यिक तथा सांस्कृतिक परंपरा का सृजन किया है जिसे हिंदी के समानांतर रखा जा सकता है। क्योंकि इसमें भाषाई अस्मिता है।

हिंदुस्तानी

यह शब्द 'हिंदुस्तान' 'अ' 'ई' के योग से बना है। ग्रियर्सन, धीरेन्द्र वर्मा, डॉ. श्रीराम शर्मा आदि विद्वानों का मत है कि इसका प्राचीन प्रयोग हिंदवी, हिंदई या हिंदुवी नाम से मिलता है। 13वीं शताब्दी में औफी और अमीर खुसरो ने इसका प्रयोग किया। बाद में 'हिंदवी' नाम उस भाषा के लिए सीमित हो गया जिसमें संस्कृत के शब्द अपेक्षाकृत अधिक थे और हिंदुस्तानी उस भाषा को कहा जाने लगा जिसमें अरबी-फारसी के शब्द अधिक हुआ करते थे। बाद में हिंदुस्तानी हिंदी तथा उर्दू के बीच की भाषा मानी जाने लगी। जिसमें सरल शब्दावली थी। इसमें संस्कृत तथा अरबी-फारसी के तद्भव रूप थे जो जन-साधारण की भाषा में गए।

इस प्रकार हम पाते हैं कि हिंदी और उर्दू के स्रोत क्रमशः संस्कृत

और अरबी-फारसी हैं। यदि संस्कृत और अरबी-फारसी के शब्दों में बहुलता न हो तो इन दोनों भाषाओं में कोई अंतर नहीं होगा। इन दोनों का सामान्यीकृत रूप ही 'हिंदुस्तानी' कहलाता है। वास्तव में 'हिंदी' शब्द का प्रयोग हिंदी और उर्दू दोनों के लिए होता था। 'दर ज़बान-ए-हिंदी की मुराद उर्दू अस्त।'

समय के साथ अंग्रेजों की पृथकतावादी नीति के कारण ऐसी भाषा नीति अपनाई गई जिसमें हिंदी और उर्दू को अलग-अलग माना गया। इन दोनों भाषाओं का व्याकरण भी फोर्ट विलियम कॉलेज में डॉ. गिलक्राइस्ट के मार्ग-दर्शन में अलग-अलग लिखा गया।

हिंदी का स्वरूप और क्षेत्र-विस्तार

आज हिंदी शब्द का प्रयोग मुख्यतः चार संदर्भों में देखा जाता है–

1. भौगोलिक संदर्भ
2. साहित्यिक संदर्भ
3. प्रशासनिक संदर्भ
4. प्रयोग-विस्तार का संदर्भ

हिंदी भारत के विशाल भू-भाग की भाषा है और इसका काल विस्तार एक हजार ईस्वी से लेकर आधुनिक समय तक है। इसके भाषा रूपों में भी विविधता है। हिंदी के 97 भाषा रूप गिनाए जाते हैं। हिंदी की पाँच प्रमुख उपभाषाएँ हैं–राजस्थानी, पश्चिमी हिंदी, पूर्वी हिंदी, बिहारी और पहाड़ी। इनमें प्रत्येक उपभाषा की कई बोलियाँ हैं–राजस्थानी के अंतर्गत 73, बिहारी के अंतर्गत 34 और पहाड़ी के अंतर्गत 16 भाषा रूपों की गणना की जाती है।

इन सभी को मिलाकर देखें तो पाएँगे कि हिंदी की कुल बोलियाँ 220 हो जाती हैं। जो भी हो मोटे तौर पर हिंदी की 5 उप-भाषाओं की 18 प्रमुख बोलियाँ हैं। इन उप-भाषाओं का और उनकी बोलियों का वर्गीकरण इस प्रकार होगा–

1. पश्चिमी हिंदी–इस उपभाषा वर्ग के अंतर्गत खड़ीबोली, ब्रजभाषा,

हरियाणवी, बुंदेली और कन्नौजी की गणना होती है। निमाड़ी तथा दक्खिनी हिंदी भी इसी के अंतर्गत आती हैं। ये भाषाएँ शौरसेनी अपभ्रंश से निकली हैं। पश्चिमी हिंदी की उपभाषाओं में खड़ीबोली तथा ब्रजभाषा को साहित्यिक मान्यता प्राप्त है।

खड़ीबोली—यह मूलतः देहरादून के मैदानी भाग, सहारनपुर, मुजफ्फरनगर, मेरठ, दिल्ली, गाजियाबाद, मुरादाबाद, बिजनौर, रामपुर के आसपास की बोली है। 'खड़ीबोली' का विकास शौरसेनी अपभ्रंश के उत्तरी रूप से हुआ है। इसमें 'खड़ी' शब्द का अर्थ विवादास्पद है। कुछ विद्वान 'खड़ी' का अर्थ 'खरी' या 'शुद्ध' मानते हैं और कुछ इसका अर्थ 'खड़ी पाई' की अधिकता के कारण तथा ध्वनि की कर्कशता कारण बताते हैं। कुछ विद्वान इसका प्रयोग **कौरवी** बोली के रूप में बताते हैं क्योंकि इसका संबंध कुरु प्रदेश से है। सामान्य बोलचाल में इसे **हिंदुस्तानी** भी कहा जाता है।

'खड़ी' वस्तुतः खरी है और इसका अर्थ है 'शुद्ध' एवं परिष्कृत। इस बोली को जब शुद्ध रूप में साहित्य में प्रयोग करने का प्रयास किया गया तो इसे 'खरी बोली' कहा गया जो बाद में **खड़ीबोली** हो गया।

साहित्य में खड़ीबोली का प्रयोग गोरखनाथ की गोरखवाणी तथा बाबा फरीद शेरजंग की वाणी से प्रारंभ होता है। उसके उपरांत अमीर खुसरो ने खड़ी बोली में भी अपने पदों की रचना की थी और उन्होंने इस भाषा के लिए हिंदी, हिंदवी, हिंदुई शब्दों का प्रयोग किया था।

खड़ीबोली के दो रूप हो गए हैं—**एक हिंदी** और **दूसरा उर्दू।** हिंदी में संस्कृत शब्दों की प्रधानता और उर्दू में अरबी-फारसी के शब्दों की भरमार। इन भाषाओं के भेद का कारण लिपि है। हिंदी देवनागरी लिपि में लिखी जाती है और उर्दू अरबी-फारसी लिपि में।

साहित्यिक रूप और लिपि के इन दोनों कारणों को हटा दिया जाए तो इन दोनों में कोई विशेष अंतर दिखाई नहीं देगा इसलिए हिंदी और उर्दू को एक ही भाषा की साहित्यिक बोलियाँ कहा गया है।

खड़ी बोली पहले एक बोली के रूप में थी, लेकिन बाद में इसका

प्रचार-प्रसार तथा विकास हुआ। आज यह संपूर्ण भारत में संपर्क भाषा के रूप में स्थापित है।

ब्रजभाषा : पश्चिमी हिंदी वर्ग की एक प्रधान आंचलिक भाषा है तथा साहित्यिक दृष्टि से अत्यंत समृद्ध है। यह मथुरा, आगरा, अलीगढ़, मैनपुरी, एटा, बदायूँ तथा धौलपुर के क्षेत्र में बोली जाती है। मध्यकाल में साहित्य-भाषा के रूप में इसका प्रसार एवं प्रचार गुजरात से लेकर बंगाल तक था। आज इसका स्थान खड़ीबोली ने ले लिया है।

कन्नौजी : यह हिंदी की प्रमुख आंचलिक भाषा है। इसका क्षेत्र अवधी और ब्रजभाषा के बीच का है। कन्नौजी और ब्रजभाषा की व्याकरणिक विभिन्नता यद्यपि दोनों भाषाओं को अलग रूप प्रदान करती है तथापि कुछ विद्वान कन्नौजी को ब्रजभाषा का ही रूप मानते हैं। यह मुख्यतः फर्रुखाबाद, इटावा, शाहजहाँपुर, कानपुर, पीलीभीत, हरदोई आदि क्षेत्रों में बोली जाती है। इसका विकास भी शौरसेनी अपभ्रंश से हुआ। कन्नौजी का लोक-साहित्य अत्यंत समृद्ध है किंतु साहित्यिक रूप ज्यादा नहीं मिलता।

हरियाणवी : हरियाणवी बोली हरियाणा राज्य में, दिल्ली के आसपास ग्रामीण क्षेत्रों में तथा पटियाला के आसपास बोली जाती है। इसका विकास शौरसेनी और पंजाब की सीमा के साथ लगे होने के कारण पंजाबी और राजस्थानी के प्रभाव से प्रभावित है। हरियाणवी का लोक-साहित्य अत्यंत समृद्ध है।

बुंदेली : मध्य प्रदेश तथा उत्तर प्रदेश की सीमा के आसपास के क्षेत्र को बुंदेलखंड कहते हैं। इस क्षेत्र की बोली को बुंदेली या बुंदेलखंडी कहा जाता है। इसका क्षेत्र अन्य उप-भाषाओं की तुलना में काफी विस्तृत है। इस बोली का विकास शौरसेनी अपभ्रंश से हुआ है। बुंदेली लोक-साहित्य काफी समृद्ध है, जिसमें 'इसुरी के फाग' प्रसिद्ध हैं। बुंदेली और ब्रजभाषा में काफी समानता मिलती है।

निमाड़ी : यह मध्य प्रदेश के खंडवा निमाड़ और खरगोन निमाड़ नामक दो जिलों की भाषा है। इसका भी अपना उल्लेखनीय लोक-साहित्य है।

2. पूर्वी हिंदी : यह उपभाषा पूर्वी भाग में बोली जाती है। इसलिए इसे पूर्वी हिंदी कहते हैं। इसकी उत्पत्ति मगधी अपभ्रंश से मानी जाती है। इसके अंतर्गत तीन मुख्य भाषाओं तथा उनकी बोलियों की गणना होती है—अवधी, बघेली, छत्तीसगढ़ी।

अवधी : यह अयोध्या यानी अवध प्रदेश में बोली जाती है। इसका क्षेत्र लखनऊ, उन्नाव, रायबरेली, सीतापुर, सीरी, फैजाबाद, बहराइच, सुलतानपुर, प्रतापगढ़ और बाराबंकी तक विस्तृत है। इसके अलावा यह इलाहाबाद, मिर्जापुर, फतेहपुर, जौनपुर आदि के कुछ हिस्सों में बोली जाती है।

अधिकांश विद्वान इसका विकास अर्ध-मागधी अपभ्रंश से मानते हैं। अवधी में लोक-साहित्य और साहित्य दोनों बड़ी मात्रा में उपलब्ध होते हैं।

बघेली : अवधी के दक्षिण में बघेली का क्षेत्र है। इसका केन्द्र रीवां तथा आस-पास का इलाका है। इसका विकास अर्ध-मागधी अपभ्रंश से माना जाता है। यह बोली अवधी के निकटतम है। यह मध्य प्रदेश के दमोह, जबलपुर, मंडला तथा बालाघाट जिले में बोली जाती हैं। बघेल राजाओं के नाम पर इसका नाम बघेली पड़ा। बघेली का लोक-साहित्य अत्यंत संपन्न है। अवधी और बघेली में इतना साम्य पाया जाता है कि भाषा वैज्ञानिकों ने इसे अवधी की ही एक उपबोली माना है।

छत्तीसगढ़ी : इसका मुख्य केंद्र छत्तीसगढ़ होने के कारण यह छत्तीसगढ़ी कहलाई। इसे **लारिया** या **खल्ताही** भी कहते हैं। हैहयवंशी तथा गोंड राजाओं के संरक्षण में सामान्य जनता की बोली का विकास हुआ। इस पर नेपाली, बंगला तथा उड़िया का प्रभाव है। यह मध्य प्रदेश में सरगुजा, रायगढ़, विलासपुर, रायपुर, दुर्ग और बस्तर जिलों में बोली जाती है। इस प्रदेश में कई जनजातियाँ हैं जो अपनी-अपनी बोलियाँ तो बोलती हैं। साथ ही छत्तीसगढ़ी का प्रयोग भी करती हैं।

3. राजस्थानी : यह राजस्थान के अलावा मध्य प्रदेश के पश्चिमी क्षेत्रों में बोली जाती है। यह पूर्वी सिंध, भोपाल, इंदौर, खानदेश, बरार और गुड़गाँव के इलाके में बोली जाती है। यह भाषा रचना की दृष्टि

से गुजराती से प्रभावित है और साहित्यिक दृष्टि से ब्रजभाषा से। इसकी चार प्रमुख बोलियाँ हैं—मारवाड़ी, जयपुरी, मेवाती, मालवी।

मारवाड़ी—इसे पहले मरु भाषा कहा जाता था। मारवाड़ी का साहित्यिक रूप डिंगल कहलाता है। राजस्थान का चारण-साहित्य आज भी अपना कोई सानी नहीं रखता।

जयपुरी : इसे ढूँढाड़ी भी कहा जाता है। यह शेखावाटी के अतिरिक्त पूरे जयपुर, किशनगढ़, इंदौर, अलवर के इलाके तथा अजमेर और मेरवाड़ा के उत्तर-पूर्वी भाग में बोली जाती है।

मेवाती : मेवात वस्तुतः अलवर का एक हिस्सा है। यह मूलतः मेयो प्रदेश में बोली जाती है किंतु इसका क्षेत्र अत्यंत व्यापक है। मेवाती मेवात की ही नहीं पूरे अलवर की भाषा है। मेवाती भरतपुर के उत्तर-पश्चिमी भाग में भी बोली जाती है। मेवाती राजस्थान के सीमांत प्रदेश की बोली है जिसका विलयन पश्चिमी हिंदी की ब्रजभाषा में होता है।

मालवी : वर्तमान मालव प्रदेश अर्थात् उज्जैन के आस-पास बोली जाती है। यह अवंती अपभ्रंश से विकसित आधुनिक भाषा रूप है। यह मुख्यतः मध्य प्रदेश तथा आंशिक राजस्थान में बोली जाती है।

4. बिहारी हिंदी : यह पूर्वी हिंदी तथा बंगला के बीच के क्षेत्र में बोली जाती है। इसके अंतर्गत भोजपुरी, मगही, मैथिली आदि उप-भाषाओं की गणना होती है। ये सभी ाउप-भाषाएँ मगधी अपभ्रंश से विकसित हुई हैं।

भोजपुरी : यह प्राचीन काशी जनपद की बोली है। मागधी परिवार की पश्चिमी बोली है। बिहारी बोलियों में संख्या की दृष्टि से सबसे ज्यादा बोली जाती है। इसका नामकरण शाहाबाद के भोजपुर परगने के आधार पर हुआ है। यह बोली बनारस, मिर्जापुर, जौनपुर, गाजीपुर, बलिया, गोरखपुर, देवरिया, बस्ती, आजमगढ़, शाहबाद, चंपारन, सारन में बोली जाती है। इसका लोक-साहित्य अत्यंत समृद्ध है।

मगही : मगही बिहार के मगध प्रदेश की भाषा है। मगध शब्द मागधी का तद्भव रूप है। यह समस्त पटना, गया, हजारीबाग, पलामू के पश्चिमी

भाग, मुंगेर तथा भागलपुर जिले के इलाके में बोली जाती है।

मैथिली : यह बिहार प्रांत के मिथिला प्रदेश और उसके आसपास के इलाकों में बोली जाती है। बिहार प्रांत का वह भाग जो भोजपुरी के पूर्व में और गंगा के उत्तर में स्थित है, मिथिला कहलाता है। मैथिली का क्षेत्र गंगा के उत्तर में दरभंगा, सहरसा, पूर्णिया, मुजफ्फरपुर जिले के पूर्वी भाग तक फैला है। वास्तव में यह मागधी अपभ्रंश के मध्यवर्ती रूप से विकसित होकर हिंदी और बंगाली के क्षेत्र के संधि स्थल पर मिथिला में बोली जाती है। इसका लोक साहित्य बेजोड़ है। साहित्यिक मैथिली के प्राचीनतम रूप पद शैली में लिखे गए। बौद्ध तांत्रिकों के गीत दोहे, चर्यागीत आदि लिखे गए।

5. पहाड़ी हिंदी : ये भाषाएँ शौरसेनी अपभ्रंश से निकली हैं। इन्हें पश्चिमी पहाड़ी हिंदी तथा मध्यवर्ती पहाड़ी हिंदी–दो वर्गों में बाँटा जा सकता है।

पश्चिमी पहाड़ी हिंदी : इसका भाषा क्षेत्र उत्तर प्रदेश के जौनसार से लेकर शिमला की पहाड़ियाँ, कुल्लू मंडी, चंबा की रियासतों तथा कश्मीर में भद्रवाह तक विस्तृत है।

मध्यवर्ती पहाड़ी हिंदी : इसके अंतर्गत गढ़वाल, कुमाऊँनी इलाके आते हैं। गढ़वाली उत्तरांचल की राजधानी देहरादून के उत्तर-पूर्वी पहाड़ी इलाके के टिहरी, उत्तर काशी और चमोली जिलों में बोली जाती है। गढ़वाली में लोकगीतों तथा लोक कथाओं का भंडार मिलता है।

कुमाऊँनी : उत्तर प्रदेश के अलमोड़ा, पिथौरागढ़, चमोली, उत्तरकाशी तथा नैनीताल के उत्तर भाग में बोली जाती है। कुमाऊँनी तथा गढ़वाली दोनों क्षेत्र द्विभाषी हैं। इन दोनों की बोलियों पर एक-दूसरे का प्रभाव देखा जा सकता है। इसका लोक-साहित्य भी संपन्न है।

उपर्युक्त बोलियों से यह तथ्य उद्घाटित होता है कि हिंदी भाषा का विकास शौरसेनी, अर्धमागधी, और मागधी अपभ्रंश से हुआ है।

संपर्क भाषा, राष्ट्रभाषा और राजभाषा

भाषा एक प्रवाहमान प्रक्रिया है। भारत एक बहुभाषी देश है। अलग-अलग राज्यों की भाषा, बोलचाल, खान-पान, रहन-सहन, पहनावा, उनकी भौगोलिक स्थितियों के अनुसार भिन्न-भिन्न है। सदियों से हिंदी देश के विभिन्न भागों में सम्पर्क भाषा के रूप में प्रयुक्त होती आई है। कन्याकुमारी से कश्मीर तक और द्वारका से जगन्नाथपुरी तक पूरे भारत में सम्पर्क भाषा के रूप में हिंदी का प्रयोग प्रायः बोलचाल, धार्मिक अनुष्ठानों, संत समागमों, कुंभ मेलों आदि में तीर्थ यात्रियों, धर्माधिकारियों और व्यापारियों द्वारा कई सदियों से होता आ रहा है। स्वतंत्रता पूर्व हिंदी का प्रयोग मुख्य रूप से यहाँ तक ही सीमित था। कालांतर में ज्यों-ज्यों यातायात तथा संचार के साधनों का विकास होता गया त्यों-त्यों हिन्दी भाषा का प्रचार-प्रसार, प्रयोग का क्षेत्र भी बढ़ता गया। स्वतंत्रता संग्राम के समय हिंदी भारत में सबसे अधिक बोली तथा समझी जाने वाली भाषा थी इसलिए जन प्रतिनिधियों ने जन-जागरण के लिए हिंदी का ही प्रयोग करना उचित समझा जिससे वह अपना संदेश देश के कोने-कोने में बसे जन-जन तक पहुँचा सके।

संपर्क भाषा हिंदी ही क्यों?

अपने देश में इस समय यदि हम आधुनिक विकसित भाषाओं, बोलियों और उप- भाषाओं की स्थिति पर नजर डालें तो बड़ा रोचक दृश्य दिखालाई देता है। हमारे यहाँ कुल 178 भाषाएँ, 550 बोलियाँ और न जाने कितनी उपबोलियाँ प्रचलित हैं!

भारत एक विशाल बहुभाषी राष्ट्र है। हमारी पारस्परिक मैत्री एवं

एकता के लिए एक संपर्क भाषा की नितांत आवश्यकता है। संपर्क भाषा और राजभाषा में व्यावहारिक तौर पर ज्यादा अंतर नहीं है। राजभाषा के अनेक कार्य हैं जिनमें से एक है संपर्क भाषा के रूप में प्रयुक्त होना।

हिंदी को भारत की संपर्क भाषा बनाने के ठोस कारण

* हिंदी हमारी सामासिक संस्कृति की सशक्त वाहिका होने में सक्षम है।
* हमारे देश में इसकी साहित्यिक संपदा का बाहुल्य है।
* जानकारी की संख्या अपेक्षाकृत अधिक है।
* अंतर प्रांतीय भाषाओं के संपर्क में आकर इसमें विकसित होने की क्षमता है।
* केंद्र सरकार के सभी मंत्रालयों में अब हिंदी को ही अग्रता मिल रही है।
* अहिंदी भाषी राज्यों में महाराष्ट्र तथा गुजरात ने केंद्र तथा हिंदी-भाषी राज्यों से संपर्क के लिए हिंदी को स्वीकार कर लिया है।
* कई विश्वविद्यालयों जैसे तमिलनाडु, तिरुपति, विश्वभारती, गुजराती, पटेल, कर्नाटक, आंध्र, मैसूर, केरल, कोचिन, मद्रास आदि विश्वविद्यालयों में स्नातकोत्तर स्तर पर हिंदी पढ़ाई जा रही है।
* जनहित एवं राष्ट्रहित की दृष्टि से हिंदी ही संपर्क भाषा के रूप में उपयुक्त लगती है।
* हिंदी को संपर्क भाषा के रूप में स्वीकार लेना ही काफी नहीं होगा। उसके स्वरूप में तनिक परिवर्तन लाना होगा।
* इसके स्वरूप में परिवर्तन लाने के लिए बूढ़े-बुजुर्गों को तैयार करना होगा।
* इसकी शब्दावली को विपुल बनाना होगा।
* भारत की अन्य प्रादेशिक भाषाओं के बहुप्रचलित शब्दों और प्रयोगों को यथावत् और उनका अनुकूलन करके स्वीकारना होगा।
* प्रशासनिक, वैज्ञानिक, तकनीकी और जन-जीवन से संबंधित अन्य

सभी क्षेत्रों के शब्दों के निर्माण में उदार दिल और दृष्टिकोण अपनाना होगा।

* अहिंदी प्रांतों को विश्वास दिलाना होगा कि हिंदी प्रादेशिक भाषाओं पर कभी हावी नहीं होगी।
* प्रशासनिक, राजनीतिक, सामाजिक आदि सभी प्रयोजनों के लिए इसका उपयोग करना होगा।

हिंदी को भारत की सच्ची संपर्क भाषा बनाने में संविधान या केंद्र की सहायता मात्र से लक्ष्य की पूर्ति नहीं हो सकेगी। सरकारी सहयोग के साथ जन सहयोग भी अत्यंत अनुपेक्षणीय है।

जनभाषा–किसी भी देश या समाज के सामान्य जनों की भाषा जन भाषा कहलाती है। कबीर ने इसे 'भाखा' का नाम दिया। संस्कृत उनके लिए 'कूपजल' के समान था जबकि भाखा बहता नीर। यही जनभाषा समय के साथ विकसित होकर राष्ट्रभाषा बनती है। राजभाषा की अधिकारिणी होती है। सभी जन भाषाएँ न राष्ट्रभाषा बनती हैं, न राजभाषा लेकिन हिंदी जनभाषा है, राष्ट्रभाषा है तथा राजभाषा भी है।

भारतीय संविधान की आठवीं अनुसूची में भारत की 18 भाषाएँ हैं, जिनमें 15 भाषाएँ आरंभ से हैं–असमिया, बांग्ला, गुजराती, उर्दू, कन्नड़, कश्मीरी, मलयालम, मराठी, उड़िया, पंजाबी, संस्कृत, सिंधी, तमिल, तेलुगु तथा हिंदी।

तीन भाषाएँ सन् 1982 में जुड़ीं–मणिपुरी, कोंकणी, नेपाली। ये 18 भारतीय भाषाएँ हैं।

राजभाषा का स्थान एवं सामर्थ्य प्राप्त करने के पूर्व किसी भी भाषा को विभिन्न स्तरों से गुजरना पड़ता है। राजभाषा हिंदी भी इसका अपवाद नहीं है। राजभाषा के पद पर पहुँचने के लिए हिंदी को भी दुर्गम राहों को पार करना पड़ा। राजभाषा बनने से पहले हिंदी भाषा की प्रकृति तथा विकास क्रम पर एक दृष्टि डालनी होगी। हिंदी भाषा के विकास यात्रा में दो रूप हैं–हिंदी का भाषा रूप में विकास, हिंदी का साहित्यिक भाषा रूप में विकास, हिंदी का राजभाषा रूप में विकास तथा हिंदी का भूमंडलीकरण के रूप में विकास यानी तकनीकी रूप में अन्यान्य क्षेत्रों में।

हिंदी को देश की राजभाषा पद पर आसीन करा हिंदी के प्रचार-प्रसार हेतु भारत सरकार निरंतर प्रयत्नशील है। हिंदी कार्यशालाएँ और अखिल भारतीय राजभाषा संगोष्ठियाँ आयोजित की जाती हैं। केंद्रीय सरकार के समस्त कार्यालयों में द्विभाषिक यांत्रिक इलैक्ट्रानिक नवीनतम सुविधाएँ प्रदान कर इन समस्त कार्यालयों का कार्य सरल करने हेतु राजभाषा विभाग बनाया गया।

प्रधानमंत्री की अध्यक्षता में केंद्रीय हिंदी समिति गठित की गई। राजभाषा सचिव की अध्यक्षता में केंद्रीय राजभाषा कार्यान्वयन समिति और भारत सरकार के लगभग समस्त मंत्रालयों/विभागों में हिंदी सलाहकार समितियाँ, राजभाषा कार्यान्वयन समितियाँ गठित की गईं। केंद्रीय सरकार के कार्यालयों में राजभाषा कार्यान्वयन समितियाँ और नगरों में नगर राजभाषा कार्यान्वयन समितियाँ बनाई गईं। इन सबसे अलग एक संसदीय राजभाषा समिति भी गठित की गई जो हिंदी के आगामी प्रयोग की समीक्षा कर अपनी रिपोर्ट संस्तुतियों के साथ राष्ट्रपति को प्रस्तुत करती है।

राजभाषा विभाग द्वारा प्रति वर्ष एक वार्षिक कार्यक्रम तैयार किया जाता है और उसमें निर्धारित लक्ष्यों को पूरा करने के लिए आवश्यक और सक्रिय प्रयास करने का केंद्रीय सरकार के मंत्रालयों, विभागों और कार्यालयों के सचिवों, अध्यक्षों से अनुरोध किया जाता है।

हिंदी को संविधान में राजभाषा एवं राष्ट्रभाषा दोनों का ही दर्जा प्राप्त है। संविधान की अष्टम अनुसूची में भारत की अन्य सत्रह प्रांतीय भाषाओं को भी राष्ट्रीय भाषा के नाम से अभिहित किया गया।

राष्ट्रभाषा–राष्ट्रीय एकता की प्रतीक, भावनात्मक अखंडता एवम् आर्थिक लाभ हितार्थ संपूर्ण राष्ट्र में मान्य भाषा ही राष्ट्रभाषा कहलाती है। हिंदी देश की एकता की कड़ी है। हर प्रांत की क्षेत्रीय, प्रादेशिक भाषाएँ अपने-अपने इलाकों के लिए अत्यंत अनिवार्य हैं। क्योंकि वहाँ के निवासी इसी का प्रयोग करेंगे किंतु संपूर्ण राष्ट्र के लिए ऐसी भाषा अनिवार्य होती है जो व्यापक हो, जिसमें राष्ट्र का प्रतिबिंब झलकता हो। जिसके माध्यम से हर प्रांत के लोग देश के एक भाग से दूसरे भाग के लोगों के साथ विचारों का आदान-प्रदान कर सकें। इस प्रकार की

ऊर्जावान बहुप्रचलित भाषा ही राष्ट्रीय एकता ला सकती है। ऐसी भाषा को ही राष्ट्रभाषा का स्थान दिया जा सकता है।

हम यह कह सकते हैं कि राष्ट्र भाषा के माध्यम से देश का साहित्य, धर्म, दर्शन और सांस्कृतिक भावना को राष्ट्रीय स्तर पर व्यक्त किया जाता है।

राष्ट्रभाषा वही भाषा हो सकती है जिसकी प्रकृति सभी प्रांतीय भाषाओं को जोड़ना हो। यह कोई जरूरी नहीं कि राष्ट्र की एक ही राष्ट्रभाषा हो, अपितु अनेक राष्ट्रों की भी एक राष्ट्रभाषा हो सकती है—जैसे—इंग्लैंड, कनाडा, अमरीका, आस्ट्रेलिया, न्यूजीलैंड—इन सभी राष्ट्रों में केवल एक ही राष्ट्रभाषा है। दूसरी ओर यह भी मिलता है कि एक राष्ट्र में अनेक राष्ट्र भाषाएँ हैं—जैसे—भारतवर्ष। यहाँ 22 भाषाओं को संविधान के अन्तर्गत राष्ट्रभाषाओं की मान्यता प्राप्त है। सोवियत रूस अनेक छोटे-छोटे जनतंत्रों का संघ था जिनकी अलग-अलग भाषाएँ थीं किंतु संपूर्ण सोवियत संघ की एक ही राष्ट्रभाषा 'रूसी' थी।

राष्ट्रभाषा में राष्ट्र का वास्तविक रूप मिलता है। राष्ट्र के विकास के साथ उसके लिए एक झंडा तथा एक राष्ट्रगान की जरूरत होती है, इन्हीं के साथ मूलभूत आवश्यकता होती है राष्ट्रभाषा की। जिस प्रकार राष्ट्रीय झंडा कपड़े का टुकड़ा नहीं संपूर्ण राष्ट्र का प्रतीक होता है उसी प्रकार राष्ट्रभाषा अपने राष्ट्र की एकता का प्रतीक होती है। गाँधी जी के शब्दों में—"भाषा वही श्रेष्ठ है जिसको सहज में ही समझ लें।"

मातृभाषा बनाम राष्ट्रभाषा—हिंदी के संदर्भ में महात्मा गाँधी के सूत्र वाक्य हैं—

"कोई भी देश सच्चे अर्थों में तब तक स्वतंत्र नहीं है, जब तक वह अपनी भाषा में नहीं बोलता। मातृभाषा का अनादर माँ के अनादर के बराबर है। जो मातृभाषा का अनादर करता है, वह स्वदेश भक्त कहलाने लायक नहीं है। यदि हम मातृभाषा की उन्नति नहीं कर सकें और हमारा यह सिद्धान्त रहे कि अंग्रेजी के जरिए हम ऊँचे विचार प्रकट कर सकते हैं तो इसमें जरा भी शक नहीं कि हम सदा के लिए गुलाम बने रहेंगे। जिस राष्ट्र ने अपनी भाषा का अपमान किया उस राष्ट्र के लोग अपनी राष्ट्रीयता खो बैठते हैं।"

जिस भाषा में देश की प्राचीनकाल से चली आई परंपराओं को वहन करते हुए नवीन स्थितियों का सामना करने का सामर्थ्य हो, जो प्राचीन की उत्तराधिकारिणी हो, नई चिंतन धाराओं की संवाहिका हो वही राष्ट्रभाषा हो सकती है, क्योंकि वह देश की परंपराओं एवं उसकी आत्मा का मूलाधार बनकर आई। हिंदी समस्त भारतीय भाषाओं में सब से ज्यादा देशीय प्राचीन परंपराओं की उत्तराधिकारिणी तथा नवीनतम चिंतन धारा की संवाहिका है तथा देश की अन्य समस्त भाषाओं की पोषक है।

राष्ट्रभाषा का राष्ट्र के मूलभूत तत्त्वों के लिए विशेष महत्त्व है। इस प्रकार हिंदी में राष्ट्रभाषा के समस्त तत्त्व हैं।

संपूर्ण राष्ट्र के विचार विनिमय के लिए यदि अठारह भाषाएँ प्रयुक्त हों, तो ज्ञान, विज्ञान, कोश, प्रविधि, प्रशासन आदि की व्यवस्था 18 भाषाओं में करनी पड़े तो राष्ट्र पर पड़ने वाली आर्थिक मार का अनुमान लगाया जा सकता है। इसलिए एक राष्ट्रभाषा ही होनी चाहिए।

महात्मा गाँधी ने संस्कृति की एकता पर बल देते हुए एक भाषा और एक लिपि पर बल देते हुए कहा है–"यदि भारत को एक राष्ट्र बनाना है तो चाहे कोई माने या न माने राष्ट्रभाषा तो हिंदी ही बन सकती है।"

राष्ट्रभाषा और राजभाषा में अंतर है। राष्ट्रभाषा राष्ट्र की भाषाएँ हैं, किंतु राजभाषा राष्ट्रभाषा नहीं भी हो सकती है। जिन शासकों ने तथा देशों ने दूसरे देशों पर शासन किया, उन्होंने अपनी भाषा को उन देशों की राजभाषा घोषित किया। अंग्रेजों के शासन काल में अंग्रेजी भारत की राजभाषा थी। पांडिचेरी और चंद्रनगर में फ्रांसीसियों का शासन था अतः वहाँ की राजभाषा फ्रेंच थी। इसी तरह गोवा-दमन में पुर्तगालियों का शासन होने की वजह से वहाँ की राजभाषा पुर्तगीज रही।

मध्यकाल में भारत में मुसलमान शासक थे। उनके शासन काल में भारत की राजभाषा फारसी थी। इन मुसलमान शासकों से अंग्रेजों ने सत्ता छीन ली। इन अंग्रेजों ने अंग्रेजी को राजभाषा के पद पर बिठाया। इस दौर में मैकाले की भाषानीति सफल हुई। यहाँ यह कहना उचित होगा कि सत्ता के इस परिवर्तन से हिंदी को कोई विशेष लाभ नहीं हुआ।

स्वतंत्रता संग्राम के दौरान यह बात स्पष्ट हुई कि भारत के लिए किसी एक संपर्क भाषा की आवश्यकता है। साथ ही यह भी पाया गया कि यह भाषा अधिकतर लोगों द्वारा बोली जाती है। हिंदी को राजभाषा का पद देने तथा अंग्रेजी को इस पद से हटाने का संघर्ष आजादी के संघर्ष के साथ चलता रहा।

राजभाषा

राजभाषा का अर्थ—राजभाषा, संज्ञा, स्त्रीलिंग शब्द का अर्थ है—राजकाज, शासन-प्रशासन और शासक वर्ग की भाषा। राज्य की भाषा, राजा या शासक की भाषा किंतु आज इसका अर्थ है सरकारी भाषा या सरकारी कामकाज, पत्राचार कार्यालयी या दफ्तरी भाषा। यहाँ हमारा प्रयोजन उस भाषा से है जिसमें केंद्र या राज्य सरकार अपना प्रशासनिक कामकाज चलाती है। 14 सितंबर, 1949 को संविधान निर्मात्री परिषद ने बहुमत से हिंदी को भारतीय संघ की राजभाषा घोषित किया। इसलिए 14 सितंबर को प्रतिदिन हिंदी दिवस मनाया जाता है।

राजभाषा देश के प्रशासनिक कार्यों में व्यवहृत होने वाली भाषा होती है। प्रशासन के अनुसार बदलती है। लेकिन राष्ट्रभाषा संपूर्ण राष्ट्र में विचरण करनेवाली संपर्क भाषा होती है।

'भारत संघ' की राजभाषा के रूप में हिंदी को मान्यता प्रदान कर दी गई और 'देवनागरी' को राजलिपि के रूप में स्वीकृत किया गया। ऐसा कहा गया कि अगले 15 वर्ष यानी 26 जनवरी सन् 1965 तक अंग्रेजी का प्रयोग उसी तरह रहेगा जैसा पहले हुआ करता था। 15 वर्षों के बाद अंग्रेजी के स्थान पर हिंदी का प्रयोग किया जाएगा।

कार्यालयी भाषा

भारतीय संविधान में हिंदी को राजभाषा का दर्जा मिलने के बाद इसका दायरा विस्तृत हो गया। यों तो हिन्दी सुसंस्कृत एवं सम्पन्न भाषा होने के साथ-साथ विश्वस्तरीय साहित्य की भाषा है, परंतु राजभाषा बनने के बाद यह केवल साहित्य कर्म की भाषा न रहकर एक नई विधा की भी भाषा बन गई। यह नई विधा कार्यालयीन भाषा के रूप में प्रतिष्ठित हुई। पहले हिंदी के प्रचार-प्रसार का दायित्व साहित्यकारों पर होता था, वहीं, नई परिस्थितियों में यह कार्य भार अब भारत सरकार पर भी आ पड़ा। भारत सरकार के विविध स्वरूपों वाले अलग-अलग कार्यालयों ने अपने-अपने कार्यों की प्रकृति के अनुरूप राजभाषा हिंदी का प्रगामी प्रयोग कर उसकी भाषागत क्षमता में अभिवृद्धि की। अब, हिंदी में न केवल ज्ञान, विज्ञान, टेक्नालॉजी, कला, वित्त, विधि, खान, पेट्रोलियम, आयकर, यातायात आदि अनेक कार्यक्षेत्र संबंधी पारिभाषिक शब्दावली का निर्माण हुआ है बल्कि वह सरकारी कार्यालय में कार्य-निष्पादन के लिए एक सक्षम भाषा है। इस सरकारी कार्यालय में इस्तेमाल होने वाली भाषा ही 'प्रयोजन मूलक हिंदी' कहलाती है। यह वास्तव में सेवा-उन्मुख (Service Oriented) हिंदी है तथा वर्तमान प्रशासन की भाषा होने के कारण यह प्रशासनिक सेवा में कार्यालयीन भाषा है।

कार्यालयी भाषा 'प्रयुक्ति' यानी Register Language कहलाती है। सामान्य शब्दावली के किरी शब्द विशेष को जब किसी विशिष्ट तकनीकी तथा ज्ञान-विज्ञान के अर्थ के लिए पारिभाषित कर विशिष्ट सन्दर्भ हेतु प्रयुक्त किया जाता है, तब वह शब्द विशेष पारिभाषिक शब्द कहलाता है। किसी भी भाषा के विशेष प्रयोग को समझने के लिए उसके प्रयोजन

को समझना आवश्यक है। प्रयोजनमूलकता के आधार पर भाषा के प्रयोग को **'प्रयुक्ति'** कहा जाता है। अतः राजभाषा भी एक प्रयुक्ति है।

स्वतंत्रता-पूर्व देश के प्रायः सभी बड़े नेताओं ने हिंदी को राष्ट्रीय एकता का आधार मानते हुए राजभाषा का स्थान दिया और 14 सितंबर 1949 ई. को संविधान में इसे राजभाषा के रूप में अधिष्ठित कर दिया गया। 26 जनवरी 1950 को संविधान लागू होने के साथ ही इसे राजभाषा के रूप में पूर्ण मान्यता प्रदान कर दी गई। अगर इसको गहराई से देखा जाए तो ज्ञात होगा कि राजभाषा, राष्ट्रभाषा, संपर्क भाषा और प्रांतीय भाषा में अंतर है।

राजभाषा निश्चित अर्थ में लिया हुआ संविधान मान्यता प्राप्त पारिभाषिक शब्द है। अतः इस भाषा में पारिभाषिक शब्दों का बाहुल्य पाया जाता है। हिंदी में राजभाषा शब्द संविधान निर्माण के समय प्रयुक्त हुआ है। राजभाषा जनभाषा भी हो यह आवश्यक नहीं है। उदाहरण के तौर पर अंग्रेजों के शासनकाल में हमारे यहाँ अंग्रेजी राजभाषा थी परंतु जनभाषा हिंदी-उर्दू एवं अन्य भारतीय भाषाएँ थीं।

राजभाषा का साहित्य सरकारी साहित्य कहलाता है। यह सूत्रों की भाषा है। इसमें अक्सर निश्चित वाक्यांश तथा पारिभाषिक शब्दावली प्रयुक्त की जाती है। इसका साहित्य कार्यालय की फाइलों पर पनपता है। राजभाषा में अर्थ की एकरूपता अनिवार्य रूप से होती है। राजभाषा एक भाषाई प्रयुक्ति [रजिस्टर भाषा] है। प्रयुक्ति विश्लेषण के आधार पर राजभाषा तकनीकी, लिखित एवं औपचारिक होगी।

राजभाषा एक आदेशात्मक और सख्त भाषा है। इसे साहित्यिक आलंकारिक या मुहावरेदार भाषा से सँवारा नहीं जा सकता अन्यथा यह भाषा लचीली एवं नाजुक हो जाएगी तथा अपना प्रभाव खो बैठेगी। यह भाषा अधिकतर कर्मवाच्य में लिखी जाती है।

राजभाषा का स्वरूप

शासकीय कार्यों में राजभाषा का प्रयोग निम्नलिखित रूपों में होता है जो राजभाषा के स्वरूप को निर्मित करता चला गया है।

1. पंजियों में संक्षिप्त लेखन 2. टिप्पणी लेखन

3. प्रारूप लेखन 4. पत्राचार लेखन

1. पंजियों में संक्षिप्त लेखन—आवक-जावक पंजियों में [भंडार तथा डाक आदि] सेवा, रोकड़, खाता-पंजियों तथा चपरासी-बही में बहुत ही संक्षिप्त भाषा का प्रयोग होता है। केवल भेजने तथा पाने वाले का नाम, पता, विषय आदि अति संक्षिप्त टिप्पणियों में दिया जाता है। जैसे—आवक पंजी का विषय—भा.खा.नि. द्वारा कें.हि.नि. के हिंदी-अंग्रेजी कैसेट खरीद बाबत। जावक पंजी के विषय : भा.खा.नि. द्वारा कें.हि.नि. के हिन्दी अंग्रेजी कैसेट खरीद के संबंध में।

चूँकि अंग्रेजी में इस प्रकार की नेमी टिप्पणियों के सूत्र बने हुए हैं और हिंदी टिप्पणियाँ भी इन्हीं अंग्रेजी टिप्पणियों का प्रतिरूप तथा ये एक ही अधिकारी द्वारा लिखी जाती हैं अतः इनकी भाषा एक ही सूत्र, रूप तथा ढाँचे में बँधी रहती है।

टिप्पणियों के नमूने—

आदेशात्मक + सुझावात्मक	सूचनात्मक + विचारात्मक
बात कर जाइए	मैं सहमत हूँ
कृपया चर्चा कर जाइए	देख लिया, धन्यवाद

2. टिप्पणी लेखन—प्रारूप तैयार करने से पहले प्राप्त किए गए प्रत्येक पत्र पर टिप्पण प्रस्तुत करना राजकार्य में भाषा के प्रयोग की दूसरी अनिवार्य प्रक्रिया होती है। टिप्पण लेखन तीन प्रकार के होते हैं।

(1) आवती पर टिप्पण लेखन

(2) मिसिल [फाइल] पर टिप्पण

(3) पत्राचार के रूप में टिप्पण लेखन [अंतर्विभागीय पत्राचार के रूप में]

आवती पर लिखी जानेवाली टिप्पणी—

(1) देख लिया, कृपया इसे फाइल कर दिया जाए।

(2) पत्र केवल सूचनार्थ है, कृपया संबंधित अधिकारी के हस्ताक्षर लेकर इसे मिसिल में लगा दिया जाए।

टिप्पणी कैसे लिखें—किसी भी फाइल या पत्र पर लिखी जाने वाली

संक्षिप्त रूप—भारतीय खाद्य निगम, केंद्रीय हिंदी निदेशालय आवक Inward जावक outward

टिप्पणी की सबसे बड़ी सफलता इसी बात में है कि वह कम से कम शब्दों में विषय या भाव को प्रस्तुत कर सके। टिप्पणी जितनी छोटी और तथ्यात्मक होगी उतनी ही अच्छी मानी जाएगी। टिप्पणी में पूर्व सन्दर्भों, नियमों, उपनियमों का यथास्थान उल्लेख करना अपेक्षित होता है। एक से अधिक संदर्भ होने पर अलग-अलग पताकाओं के द्वारा प्रस्तुत करना चाहिए।

टिप्पणी के प्रकार—(1) आदेशात्मक (2) विचारात्मक (3) विवेचनात्मक (4) सामान्य।

(1) आदेशात्मक—तत्काल कार्रवाई करें। स्पष्टीकरण माँगा जाए। यथा प्रस्तावित कार्रवाई की जाए। कार्यालय इसे नोट कर ले। कृपया आज ही अनुस्मारक भेजिए।

(2) विचारात्मक—इस प्रकार की टिप्पणियाँ कार्यालयों में सामान्यतः अधीनस्थ कर्मचारियों द्वारा किसी भी विषय पर विचार जानने के लिए लिखी जाती हैं। इसमें विचाराधीन पत्र पर कार्यालय की रीति-नीति के अनुसार स्थिति बनाकर अधिकारी को विचारार्थ प्रस्तुत कर दिया जाता है।

जैसे—आवास गृह के आबंटन के लिए कर्मचारियों के दस आवेदन प्राप्त हुए हैं किंतु आवास गृह केवल दो ही खाली हैं। अतः वरिष्ठता के अनुसार दो व्यक्तियों को आवास गृह आबंटित करना उचित होगा। विचारार्थ प्रस्तुत है।

(3) विवेचनात्मक—इस प्रकार की टिप्पणियाँ वेतन निर्धारण, पदोन्नति, यात्रा-भत्ता बिल, प्रोजेक्ट निर्माण कार्य आदि के संदर्भ में विवेचन प्रदान करने के लिए लिखी जाती हैं। उदाहरण के तौर पर—

यह देखा गया है कि केंद्रीय लोक निर्माण विभाग के वितरण मंडल से मासिक लेखा निर्धारित तिथि तक नहीं आते हैं। इस मास असाधारण देर हुई है। यदि स्वीकृति हो तो मंडल लेखाकार से इस देरी का कारण पूछा जाए। उनको भविष्य में अधिक सावधानी बरतने की चेतावनी भी दे दी जाए।

मिसिल/फाइल की टिप्पणी—इस प्रकार की स्वतःपूर्ण टिप्पणी फाइल

पर ही लिखी जाती है। जैसे–

श्री जानकीरमण आशुलिपिक ने व्यक्तिगत कारणों से 24 दिन की अर्जित छुट्टी माँगी है। उसके खाते में 105 अर्जित छुट्टियाँ जमा हैं। छुट्टी के समय श्री रमण का कार्य श्री वर्मा आशुलिपिक देख सकते हैं।

पत्राचार के रूप में टिप्पण लेखन–जब कोई मंत्रालय, किसी दूसरे मंत्रालय, विभाग या संलग्न कार्यालय से किसी विषय पर जानकारी लेना चाहता है, ऐसी स्थिति में विषय से संबंधित टिप्पणी फाइल/मिसिल पर या अलग से लिखकर भेज दी जाती है, तो उसे अशासनिक या अनौपचारिक टिप्पणी/संदर्भ कहते हैं।

टिप्पण की भाषा अनुरोधपरक, प्रश्नात्मक एवं सृजनात्मक होती है। ये प्रायः अन्य पुरुष (Third Person) एकवचन में लिखे जाते हैं।

इनमें पत्र संख्या, सरकार का नाम, दिनांक, संबोधन और स्वनिर्देश नहीं लिखे जाते। इनमें केवल मंत्रालय का नाम, विषय, प्रेषक के हस्ताक्षर, पद-संज्ञा, दूरभाष नंबर का निर्देश होता है।

अनौपचारिक टिप्पणी [Un Official LetterèU.O]

मानव संसाधन विकास मंत्रालय

नई दिल्ली

विषय : विशेष पहचान पत्र

इस मंत्रालय द्वारा अपने शिक्षा अधिकारियों को विशेष पहचान पत्र जारी करने हैं ताकि वे भारत सरकार के समस्त मंत्रालयों में जाकर अपेक्षित जानकारी एकत्रित कर सकें।

गृह मंत्रालय यह जानकारी देने की कृपा करे कि क्या इस प्रकार के विशेष पहचान-पत्र जारी किए जा सकते हैं

ह.

गृह-मंत्रालय [नारायण स्वामी]

मा.सं.वि.अ.टि. संख्या 401/13/00 अवर सचिव

दि. 10.1.2006

3. प्रारूप लेखन [Drafting]

प्रारूप का अर्थ **प्रथम कच्चा** रूप है जिसे मसौदा या मसविदा भी कहा जाता है। जब कोई अधिकारी अथवा कर्मचारी पत्राचार करना चाहता है तो उस मामले को लेकर कच्चा प्रारूप बना लिया जाता है। उसे हस्ताक्षर करनेवाले अधिकारी को दिखाकर अनुमोदन प्राप्त कर लिया जाता है। यही कारण है कि प्रारूप पर अनुमोदन के लिए मसौदा/प्रारूप, डी.एफ.ए. [Draft for approv] की पर्ची लगाई जाती है।

सरकारी पत्राचार–सरकारी पत्राचार एक विशिष्ट शैली में लिखे जाते हैं। इनमें पारिवारिक पत्रों की भाँति आत्मीयता नहीं होती और न ही व्यावसायिक पत्रों की भाँति औपचारिकता। इन प्रशासकीय पत्रों में निम्नलिखित तत्त्वों की अपेक्षा की जाती है शुद्धता, स्पष्टता, पूर्णता, संक्षिप्तता, शिष्टता, क्रमबद्धता, निश्चित वाक्यांशों का प्रयोग।

सरकारी पत्राचार के प्रकार

सामान्य सरकारी पत्र	—	Ordinary Official Letter
अनुस्मारक	—	Reminder
अर्द्ध सरकारी पत्र	—	Demi Offical Letter/Letter D.O
पृष्ठांकन	—	Endorsement
ज्ञापन	—	Memorandum
कार्यालय ज्ञापन	—	Office Memorandum
आदेश	—	Order
कार्यालय आदेश	—	Office Order
परिपत्र	—	Circular
संकल्प	—	Resolution
अधिसूचना	—	Notification
सूचना, विज्ञापन, नीलाम, निविदा	—	Information, Advertisment Auction Tender
प्रेस विज्ञप्ति	—	Press Communique
प्रेस नोट	—	Press Note
कूट पत्र	—	Code Letter

विधिक और व्यापार-वाणिज्य की भाषा

(क) विधिक भाषा

'विधि' का शाब्दिक अर्थ है—नियम, कानून। नागरिकों के मौलिक अधिकारों की रक्षा तथा परस्पर विवाद होने पर उसके निर्णय का दायित्व न्यायालयों का है। इसके लिए भारतीय संविधान में विस्तृत व्याख्या प्रस्तुत है। आम नागरिक को अपने विवादों के निपटारे अपने ऊपर हो रहें अत्याचार या अपराध के निपटारे के लिए न्यायालय की शरण लेनी होती है। यहाँ प्रयुक्त भाषा का रूप भी ऐसा होना चाहिए, जो सामान्य जनता की समझ में आ जाए। वस्तुतः विधिक भाषा में लचीलापन कम होता है। उसमें शब्दों का एक निश्चित अर्थ होता है। यथा 'वाद' का अर्थ है मुकदमा, 'वादों' का अर्थ है—मुकदमा दायर करने वाला, 'प्रतिवादी' का अर्थि है—जिस पर मुकदमा दायर किया गया है। विधि की भाषा में अरबी फारसी के शब्दों की भरमार है, जो सामान्य जनता की समझ से परे है। उच्च न्यायालयों में तो हिंदी के स्थान पर अंग्रेजी का प्रयोग होता है।

(ख) वाणिज्यि भाषा

व्यापार एवं वाणिज्य में प्रयुकत हिंदी भाषा का कार्य क्षेत्र बहुत व्यापक होता है। इसके अंतर्गत व्यापार, व्यवसाय, उद्योग, परिवहन, बैंक, कंपनी, सहकारिता और व्यापारिक विज्ञापन आदि आते हैं। अतः प्रयोजन मूलक भाषा का सबसे व्यापक कार्य क्षेत्र यही हे, एक ही प्रयुक्ति के अंतर्गत आने के बावजूद इसके लिए प्रयुक्त होने वाली भाषा की अपनी-अपनी विशिष्टता होती है। एक ओर तो यह वाणिज्य और व्यापार का क्षख्रे

जीवन के लगभग सभी अनिवार्य कार्यकलापों से जुड़ा होता है। दूसरी ओर इसमें क्षेत्र विशेष से जुड़ी विशेषज्ञता भी निहित होती है। व्यवसाय, उद्योग, बैंक, परिवहन व्यवस्था, सहकारिता का संबंध एक तरफ से आम आदमी की दैनिक जरूरतों से होता है। दूसरी तरफ अपनी कार्यालय की विशिष्ट प्रवृत्तियों से। विज्ञान की शब्दावली यदि आम आदमी की पहुँच से दूर है तो भी इसका आम आदमी के सामान्य जीवन-यापन पर प्रभाव नहीं पड़ता। किंतु बैंक, उद्योग, सहकारिता, परिवहन आदि क्षेत्र तो सर्वसामान्य के लिए ही हैं, अतः उनकी भाषा का सर्वसामान्य के लिए संप्रेषणीय होना नितांत आवश्यक है।

व्यापार एवं वाणिज्यिक क्षेत्र की एक अन्य विशेषता यह है कि इसकी विभिन्न इकाइयों के आकार, विस्तार और कार्य क्षेत्रों में पर्याप्त विविधता है। व्यवसाय का कार्य क्षेत्र बहुत छोआ यानी एक नगर अथवा कस्बे तक सीमित हो सकता है और राष्ट्रीय सीमाओं के बाहर तक विस्तृत हो सकता है। उदाहरण के लिए, बैंकिंग को ही लें। इस क्षेत्र का कार्य-विस्तार एक तरफ तो छोटे स्तर के सहकारी बैंकों के स्थानीय लेन-देन तक सीमित होता है तो दूसरी ओर अंतर्राष्ट्रीय लेन-देन करने वाले बैंक भी होते हैं। इसी तरह छोटी फैक्टरियों और बहुराष्ट्रीय कंपनियों का उाहरण लिया जा सकता है।

माल का उत्पादन, परिवहन, प्रचार, क्रय-विक्रय, लेन-देन, लेखा-जोखा, पूँजी की व्यवस्था, कर्मचारियों की नियुक्ति, उनके वेतन और सेवा-शर्तों के नियमन, व्यवसाय का प्रबंध, बीमा, कारोबार, कर, प्रसार आदि विभिन्न प्रकार के कार्य इस क्षेत्र के अंतर्गत आते हैं। इनके लिए हिसाब-किताब, बही-खाता और पत्र-व्यवहार भी करना पड़ता है। अतः भाषा की अन्य प्रयुक्तियों का यहाँ काफी अंतःप्रवेश होता हे, जैसे कर्मचारियों की नियुक्ति, सेवा-नियमों आदि में प्रशासनिक भाषा का, संविदा तथा अनुबंध आदि करने और संस्था का ज्ञापन पत्र और अंतः नियमावली (Memorandum and Articles of Association) आदि में विधि की भाषा, प्रचार के मामले में विज्ञापन की भाषा का। इस दृष्टि से व्यापार और वाणिज्य के क्षेत्र में

प्रयुक्त हिंदी का स्वरूप मिला-जुला होते हुए भी अपने आप में विशिष्ट है।

इसकी शब्दावली तथा वाक्य रचना अपने ढंग की होती है। इस क्षेत्र के कुछ शब्दों को देखिये :

थोक व्यापारी, फुटकर, व्यापारी, एकल स्वामित्व, तुलन-पत्र, लेखाकरण, साख, देनदार, लेनदार, लेन-देन, रोकड़, वाउचर, जर्नल, गबन, तेजड़िया, मंदड़िया, बिचौलिया, दिवालिया, साझेदारी, डेबिट, क्रेडिट।

इनमें से कुछ शब्दों को हम आम बोलचाल में भी इस्तेमाल करते हैं। इस शब्दावली में ठेठ हिंदी के शब्दों के साथ अंग्रेजी के शब्दों का सामान्य रूप से प्रयोग किया जाता है। **रोकड़, बिचौलिया, सटोरिया,** के साथ **डेबिट, क्रेडिट** और **जर्नल** जैसे शब्द आ जाते हैं।

व्यापारिक सूचनाओं में भाषा का प्रयोग एक खास ढंग से किया जाता है। अखबारों में बाजार भाव पढ़ते समय हमें निम्नलिखित ढंग से खास प्रयोग दिखायी देते हैं :

'सोना लुढ़का', 'चावल नरम', 'काला चना उछला', 'चांदी ढीली पड़ी', 'गेहूँ के भाव टूटे'।

बाजार में प्रचलित शब्दावली की यह विशिष्ट प्रयोग-विधि है जिसे उनसे संबंधित लोग आसानी से समझ लेते हैं।

जनसंचार की भाषा

आज के युग को जनसंचार का युग कहा जाता है। आकाशवाणी, दूरदर्शन, फिल्म, समाचार-पत्र, वीडियो, कंप्यूटर, ई-ल, इंटरनेट आदि ने विश्व भर की मानव जाति को प्रभावित किया है। शिक्षा ने विज्ञान को जन्म दिया और विज्ञान ने जनसंचार के आधुनिक साधनों को। 'जनसंचार' शब्द अंग्रेजी के Mass Communication शब्द का पर्यायवाची है। जनसंचार के माध्यमों को तीन भागों में विभाजित किया जा सकता है :

1. शब्द संचार माध्यम : इसके अंतर्गत समाचार-पत्र, पत्रिकाएँ तथा अन्यत्र मुद्रण सामग्री आती हैं।

2. श्रव्य संचार माध्यम : रेडियो, कैसेट तथा टेपरिकार्डर आदि।

3. दृश्य संचार माध्यम : दूरदर्शन, वीडियो, कंप्यूटर तथा फिल्म आदि इसके अंतर्गत आते हैं।

जनसंचार माध्यमों में समाचार-पत्र, रेडियो तथा दूरदर्शन का विशेष महत्त्व है। वर्तमान समय में विभिन्न समाचारों को जनसामान्य तक पहुँचाने में इनकी प्रधान भूमिका रही है। इसीलिए समाचार की भाषा पर ही इनकी संप्रेषण शक्ति आधारित है। भाव अभिव्यक्ति के साधन को भाषा की संज्ञा दी जा सकती है। समाचार संप्रेषण को पत्रकारिता भी कहते हैं। पहले पत्रकारिता की भाषा के विषय में यह मान्यता रही है कि इसका सरल, सहज, सुगम होना अनिवार्य है। आज पत्रकारिता बहुआयामी होकर जीवन के विविध क्षेत्रों तक विस्तार कर चुकी है। ऐसे में भाषा का वैविध्यपूर्ण होना स्वाभाविक है। पत्रकार सर्वप्रथम विषय की गहन और अनुकूल जानकारी प्राप्त करता है। तदुपरांत पाठक या

दर्शक की मानसिकता पर चिंतन करता है। पत्रकार इस भावभूमि के आधार पर अभिव्यक्ति देने के लिए भाषा के स्वरूप को अपनाता है। यह समाचार-पत्रों, रेडियो तथा दूरदर्शन के परिप्रेक्ष्य में समान रूप से संभव नहीं हो पाता।

समाचार-पत्र : समाचार-पत्रों में समाचार होते हैं, साथ ही संपादकीय, लघु-लेख तथा फीचर भी होते हैं। समाचार-पत्र जीवंत भाषा के स्रोत होते हैं। सामान्यतः भाषा के स्वरूप में अंतर नहीं होता पर संपादक की नीति के अनुसार भाषा का रूप कुछ भिन्न हो सकता है। समाज की जैसी परिस्थिति हुई, जैसी घटना घटी या कोई राजनीतिक, सामाजिक या आर्थिक उथल-पुथल हुई कि समाचार-पत्र उसी विषय से संबंधित अनेक शब्दों, वाक्यों, वाक्यांशों से भरे दिखाई पड़ते हैं। सूखा पड़ा हो, चुनाव हुए हों या कोई हादसा हुआ हो, कोई बड़ा मेला हुआ हो; तो उसी से संबंधित सूचनायें प्रकाशित होती हैं। हत्या, आगजनी लूटमार, डकैती, दुर्घटना आदि के समाचारों को भी स्थान मिलता है। हर मौके पर हर प्रकार की चुस्त व मुहावरेदार भाषा समाचार-पत्रों में देखी जा सकती है। हिंदी के प्रायः सभी समाचार-पत्र व्यावहारिक और जीवंत भाषा का प्रयोग करते हैं। पाठकों द्वारा ज्यादातर सुबोध भाषा पसंद की जाती है। सुप्रसिद्ध पत्रकार गणेशशंकर विद्यार्थी ने ऐसी सहज शैली विकसित की थी जो कम शिक्षा प्राप्त व्यक्तियों के हृदय तक भी सीधे पहुँच सकी। देश के किसान-मजदूरों के बारे में इनके विचारों का एक अंश इस प्रकार है :

"हम लोगों को स्वराज्य का मसविदा बनाने के झंझट में ना पड़कर सीधे गाँवों की ओर मुड़ना चाहिए। हिंदु-मुस्लिम वैमनस्य दूर करने का एकमात्र यही तरीका है कि ग्राम-संगइन के काम को हाथ में लेकर बिना भेदभाव के भारत क दीन किसानों की सेवा की जाए। किसान और मज़दूरों का युग आ गया है, थोथी राजनीति से अब काम न चलेगा। भविष्य किसानों और मजदूरों के हाथ में है।"

समाचार-पत्रों के माध्यम से सैकड़ों जीवंत शब्द दिन प्रतिदिन हिंदी को मिल रहे हैं। नई-नई अभिव्यक्तियाँ, नये-नये प्रयोग होते जा रहे हैं।

उदाहरण के लिए 'माफिया' जो समाज-विरोधी गिरोह के अर्थ में प्रयुक्त है। एक प्रभावशाली शब्द है। इसी तरह समाचार-पत्रों के माध्यम से अनेक संक्षिप्त रूप (एक्रोनिम) प्रचलन में आ रहे हैं। आज के भाग-दौड़ में मानव मात्र की यह स्वाभाविक प्रवृत्ति है कि वह कम से कम समय में और कम से कम शब्दों में अपने अधिकतम भावों और विचारों की अभिव्यक्ति करे। यूनेस्को, नाटो, नाबार्ड जैसे संस्थागत शब्द, वामो, द्रमुक, कपा, भाजपा आदि राजनीतिक दलों के नाम प्रचलन में आये हैं।

(क) आकाशवाणी (रेडियो) की भाषा

समाचार-पत्रों के बाद आकाशवाणी का महत्त्वपूर्ण स्थान रहा है। आज, दूरदर्शन के कारण आकाशवाणी का महत्व जरूर कम हुआ है। लेकिन फिर भी जहाँ दूरदर्शन की सुविधा प्राप्त नहीं है, वहाँ आज भी आकाशवाण ी अथवा रेडियो का महत्त्व बरकरार है। इसके महत्त्व के संबंध में डॉ. कैलाशचन्द्र भाटिया का कहना है–''आज भी दूरदर्शन की चकाचौंध के बावजूद समाचारों की दृष्टि से 'आकाशवाणी' का महत्त्व है। क्षेत्रीय स्टेशनों से वहाँ की लोक भाषा को जोड़ा गया है। समाचारों की दृष्टि से 'आकाशवाणी' अग्रणी है। समाचारों में ध्यान रखा जाता है कि एक वाक्य में एक ही सूचना समाहित हो। वाक्य छोटे, सरल व स्पष्ट हों, वाणी प्रभावी हो। उच्चारण में कष्टसध्य अप्रचलित शब्दों से बचा जाए।''

आकाशवाणी में सामान्यतः दो प्रकार के कार्यक्रम प्रसारित किए जाते हैं। पहला उच्चरित, दूसरा संगीतपरक है। पहले कार्यक्रम के अंतर्गत वार्ता, साक्षात्कार, समाचार, परिचर्चा, रूपक, नाटक, रिपोर्ट, कवि, सम्मेलन एवं मुशायदा आदि हैं तो दूसरे संगीतपरक कार्यक्रम में वाद्य संगीत, गायन, फिल्म संगीत, शास्त्रीय संगीत, सुगम संगीत, पारस्परिक संगीत और लोक संगीत आता है। संगीत से संबंधित कार्यक्रमों को मनोरंजन समझदार छोड़ भी दिया जाए तो अन्य सभी कार्यक्रम भाषा संबंधी हैं, इन कार्यक्रमों से हिंदी भाषा का बहुत बड़ा विकास हो रहा है।

रेडियो माध्यम की हिंदी भी कमाल की हिंदी है। साहित्यिक हिंदी

तो हफ्ते में एक बार कुछ समय के लिए सुनने में आती है लेकिन विज्ञान एवं अन्य समाचारों में सामान्य हिंदी ही दिखाई देती है जिसे भारतीय जनता बखूबी समझती है। इसके लिए 'लेखन एवं वाचन' का महत्त्वपूर्ण स्थान होता है। रेडियो की भाषा बोलचाल की भाषा पर आध ाारित होती है और आवश्यकतानुसार लोक-प्रचलित मुहावरों का प्रयोग भी किया जाता है। जैसे 'भारतीय टीम ने श्रीलंका के विरुद्ध क्रिकेट का फाइनल मैच जीतकर देश की कीर्ति में चार चाँद जड़ दिए।' मुख्य समाचारों (Headlines शीर्षकों) को काफी सारगर्भित और आकर्षक बनाया जाता है। जैसे 'उच्चतम न्यायालय ने पर्यावरण की अनदेखी पर अपनी चिंता व्यक्त की।' रेडियो की भाषा प्रामाणिक मानी जाती है। इसीलिए उसके द्वारा सही शब्दों का प्रयोग होता है। उदाहरण के लिए—'आज रात मूसलाधार वर्षा होने की संभावना है,' 'कल की विमान दुर्घटना में पच्चीस लोगों के मरने की आशंका है।' इन दोनों वाक्यों में 'संभावना' 'आशंका' शब्दों का प्रयोग ठीक है।

आकाशवाणी की भाषा में भद्रता का ध्यान बहुत रखा जाता है। अश्लील या मन को चोट पहुँचाने वाले शब्दों का प्रयोग कतई नहीं किया जाता। 'संभोग' के स्थान पर 'यौन-संबंध', 'अंधा' न कहकर 'दृष्टि विहीन' क़हने में भद्रता है। 'स्त्री', के लिए 'महिला' शब्द का प्रयोग उपयुक्त होता है।

आकाशवाणी की भाषा में सरलता के साथ वर्तनी शुद्धता पर भी ज्यादा ध्यान दिया जाता है। क्योंकि दोषपूर्ण वर्तनी से शब्दों के गलत उच्चारण का डर रहता है। अनुस्वार के बदले 'पंचम वर्ण' का प्रयोग भी सही उच्चारण में मदद करता है। 'अंतर्राष्ट्रीय', 'परंपरा', 'झंडावंदन' जैसे शब्द पंचम वर्ण के कहलाते हैं।

सारांशतः कहा जा सकता है कि आकाशवाणी में प्रयुक्त हिंदी जन सामान्य की भाषा है। भाषागत शुद्धता के साथ-साथ शुद्ध उच्चारण पर भी बल दिया जाता है। प्रसारण को अधिकाधिक जीवंत एवं प्रभावशाली बनाने के लिए बलाघात, मात्रा, विराम आदि के उचित प्रयोग पर भी

अधिक ध्यान दिया जाता है। आकाशवाणी में प्रयुक्त हिंदी जनसामान्य की भाषा होती है। परंतु प्रशासन, विधि, बैंक, शिक्षा, खेल-कूद, स्वास्थ्य, विज्ञान, टेकनालोजी, कृषि आदि से संबंधित शब्द जो भारत सरकार के वैज्ञानिक एवं तकनीकी शब्दावली आयोग द्वारा निर्मित हैं, यथावत प्रयुक्त होते हैं। प्रचलित संस्कृत, अरबी, फारसी, अंग्रेजी तथा उर्दू के शब्दों का भी प्रचलन दिखाई देता है।

(ख) दूरदर्शन

आधुनिक युग में दूरदर्शन (टी.वी.) सर्वाधिक प्रभावशाली दृश्य-श्रव्य, संचार-माध्यम है, जिसमें हिंदी की प्रयुक्ति समन्वित रूप में मिलती है। दूरदर्शन में प्रसारित हर कार्यक्रम को अधिक-से-अधिक जनता तक पहुँचाना और उन्हें अधिक-से-अधिक लाभान्वित करवाना दूरदर्शन का मुख्य लक्ष्य रहता है। निस्संदेह दूरदर्शन के समाचार अधिक प्रभावी तथा विश्वसनीय लगते हैं। कारण उनमें श्रव्य के साथ-साथ दृश्यांकन भी होता है। हम जो कुछ देखते हैं उस पर सहसा विश्वास होना स्वाभाविक है। यहाँ समाचार-संकलन में कैमरा महत्त्वपूर्ण भूमिका अदा करता है। समाचार वाचक की तनिक सी भूल भी पकड़ी जा सकती है। आज जबकि हिंदी में मौलिक समाचार तैयार होने लगे हैं, उच्चारण संबंधी दोषों का अभाव है। इसीलिए आज उच्चारण संबंधी दोष कहीं-कहीं पाए जाते हैं। जैसे—कृपया (कृप्या), जनता (जन्ता), बलदेव (बल्देव), तरबूज (तबुज) आदि।

दूरदर्शन में प्रयुक्त भाषा एकदम सरल होना जरूरी है। दूरदर्शन के दर्शक सभी श्रेणियों के होते हैं। इनमें विद्वान से विद्वान और अनपढ़ सम्मिलित हैं। इसलिए इस माध्यम की भाषा वही होती है जो सभी दर्शक समान रूप से समझ लें। दूरदर्शन में सामचार लेखक चित्रों के माध्यम से घटनाओं का यथार्थ वर्णन करता है। दूरदर्शन दर्शक को स्वयं उस स्थान पर ले जाता है, जहाँ घटनाएँ हुईं, जहाँ से समाचार विकसित हुआ। उस समाचार से संबंधित सभी व्यक्तियों के विचारों और स्पष्टीकरण ों को प्रतयक्ष रूप से उन्हीं की भाषा में प्रस्तुत कर दिया जाता है।

समाचार लेखक अपनी ओर से उन पर कोई टिप्पणी नहीं करता। उसकी भाषा में पांडित्य वर्जित संपादकीय टिप्पणी का भी कोई स्थान नहीं है। दूरदर्शन का एक चित्र हजार शब्दों के बराबर होता है। तात्पर्य यह है कि हजारों शब्दों में जिस स्थिति, भाव या घटना की अभिव्यक्ति नहीं हो सकती उसे हम एक चित्र द्वारा स्पष्ट कर सकते हैं। चित्र तो शब्द रहित काव्य है। चित्र समाचार के आभूषण तो होते ही हैं साथ ही साथ दर्शकों के मन-मस्तिष्क को मथ कर स्वयं उसी के दिमाग में विचारों के शब्द निर्मित करने में प्रधान भूमिका निभाते हैं। दूरदर्शन में प्रयुक्त वाक्य संक्षिप्त अर्थात् छोटे-छोटे होना जरूरी है। यदि कोई वाक्य बड़ा हो तो उसे दो-तीन वाक्यों में परिवर्तित करना अच्छा होता है। श्रोता भी शीघ्र एवं सरलतापूर्वक छोटे वाक्यों को ही समझ सकते हैं। जहाँ तक हो सके वाचक इतने ही शब्दों का वाक्य बनाए जिसे एक ही साँस में व्यक्त कर सके। यह वाक्य स्पष्ट, सरल एवं प्रभावपूर्ण होना चाहिए। वाक्यों की ही तरह सूचनाएँ भी होनी चाहिए। आम बोलचाल के शब्दों का प्रयोग करना उचित है। कठिन, अप्रचलित, अप्रयुक्त एवं संदर्भहीन शब्दों का प्रयोग नहीं होना चाहिए। वैसे तो आज की स्थिति में दूरदर्शन हिंदी के विकास का कार्य बहुत जोरों से कर रहा है। दूरदर्शन में हिंदी प्रयोजनमूलक भाषा बनती जा रही है। बिजनेस, विज्ञापन, राष्ट्रीय, अंतर्राष्ट्रीय, क्रीड़ा क्षेत्र के साथ-साथ साहित्य और कला संबंधी विषयों पर नये-नये शब्द प्रयुक्त हो रहे हैं। हिंदी भाषा के इन शब्दों को हिंदेतर भाषी दर्शक भी समझने लगे हैं। इस तरह दूरदर्शन में प्रयुक्त हिंदी भाषा का जहाँ वर्चस्व बढ़ा है और बढ़ रहा है, दूसरी ओर अंग्रेजी का भी प्रचार बढ़ रहा है। अधि ाकतर विज्ञापनों के माध्यम से दूरदर्शन में हिंदी और अंग्रेजी, 'दिल गांगे morc' जैसे 50-50 (फिफ्टी-फिफ्टी) बनती जा रही है। इस पर सावध ाानी बरतना जरूरी है।

(ग) विज्ञापन

साधारणतः विज्ञापन हमें जनसंचार के माध्यमों से मिलते हैं। फिर भी

विज्ञापनों की हिंदी समाचार-पत्रों, रेडियो, दूरदर्शन आदि में प्रयुक्त हिंदी से भिन्न होती हैं। सबसे पहली बात यह है कि विज्ञापनों में भाषा का प्रयोग एक खास मकसद से किया जाता है। यह मकसद यद्यपि सूचना प्रदान करना है, किंतु इसका वास्तविक उद्देश्य वस्तु को उपभोक्ता तक पहुँचाना या वस्तु एक उपभोक्ता को खींच लाना होता है। व्यावसायिक विज्ञापनों के अतिरिक्त अन्य सभी प्रकार के विज्ञापनों का लक्ष्य भी यही होता है। रेडियो, दूरदर्शन, पत्र-पत्रिकाओं के बावजूद विज्ञापन के अन्य माध्यम भी हैं, जैसे होर्डिंग, पोस्टर, सिनेमा आदि।

विज्ञापनों की हिंदी में साधारण शब्दों का प्रयोग होने के बावजूद भी यह बोलचाल की हिंदी से भिन्न होती है। विज्ञापन का उद्देश्य ही उपभोक्ता को आकर्षित करना होता है। इसीलिए वाक्य-रचना और शब्दों के गठन में नए-नए प्रयोगों के प्रयास रहते हैं। विज्ञापनों में व्यावसायिक विज्ञापन, रोजगार के विज्ञापन, वर्गीकृत, वैवाहिक विज्ञापन तथा क्रय-विक्रय संबंधी विज्ञापन प्रमुख हैं। विज्ञापन उत्पादक के बीच विश्वसनीय संबंध प्रदान करनेवाले व्यक्ति या संस्थाएँ भी अपने-अपने कार्यक्षेत्र संबंधी विज्ञापन देते हैं। विज्ञापन चाहे वस्तुओं का हो या सेवाओं का उसकी भाषा आकर्षक, सुसंप्रेषणीय, स्मरणीय एवं प्रभावोत्पादक होती है। विज्ञापनों की भाषा के नमूने निम्न प्रकार हैं–

1. दिल मागे मोर...
2. आयोडेक्स मलिए–काम पर जाइए।
3. जोड़ी अनोखी मेल अनोखा
4. "अब आप ही चुनिए
   सर्वोत्तम ही खरीदिए
   ए सी सी सीमेंट"

रेडियो, दूरदर्शन आदि में यह विज्ञापन सुंदर संगीत से जोड़कर गायन के रूप में प्रचारित किए जाते हैं जो मन को भा लेते हैं।

❑❑❑